Delphine Red Shirt
Die Farben der Glasperlen

Delphine Red Shirt

Die Farben der Glasperlen

Mein Leben als Tochter der Oglala Sioux

Aus dem
Amerikanischen
von Ursula Bischoff

nymphenburger

Dieses Buch ist Richard gewidmet,
unseren wak'ayeza
Justin, Megan und Kirsten
und Wiya Isnala, Ina mit 'awa ki he e,
naha, Pte Oyate, hena ki iyu ha.

Besuchen Sie uns im Internet unter http://www.herbig.net

© 1998 University of Nebraska Press
Für die deutschsprachige Ausgabe nymphenburger in der
F.A. Herbig Verlagsbuchhandlung GmbH, München, 2001.
Alle Rechte, auch der fotomechanischen Vervielfältigung
und des auszugsweisen Abdrucks, vorbehalten.
Schutzumschlag: Wolfgang Heinzel
Schutzumschlagfoto: Delphine Red Shirt, © Colter.
Satz: Filmsatz Schröter GmbH, München
Gesetzt aus: 10.5/13.5 Sabon
auf Apple Macintosh in QuarkXPress
Druck und Binden: Wiener Verlag, Himberg
Printed in Austria
ISBN 3-485-00874-5

Titel der amerikanischen Originalausgabe:
Bead on an Anthill. A Lakota Childhood

Ein Mann aus dem Norden gab mir einen Stab.
Das habe ich diesem Mädchen erzählt.

Sie wird alt werden.
Ihr Stamm wird leben.

[Ein Lied aus der *T'at aka olowa pi*, einer Zeremonie
für junge Mädchen, die an der Schwelle zum Frausein
stehen.]

Inhalt

Einführung

Ich habe dieses Buch geschrieben, um die Erinnerungen an das Gute in meinem Leben zu bewahren. Sie sind, genau wie die althergebrachten Worte aus der Lakota-Sprache, ein Bindeglied zwischen einer Lebensweise, die der Vergangenheit angehört, und meiner heutigen Lebenswelt. Sie legen Zeugnis ab von meiner Kindheit als Tochter der Oglala Sioux, die aus meiner heutigen Perspektive einer Erwachsenen betrachtet wird, und beruhen auf Eindrücken und Begebenheiten, die sich meinem Gedächtnis eingeprägt haben.

Durch die Aufzeichnung meiner Erinnerungen wurde nach und nach die alte Verbundenheit mit meiner Muttersprache Lakota wieder lebendig. Die Worte wurden wieder vertraut und mit ihnen Gefühle und Empfindungen aus meiner Kindheit, in der ich sie ständig hörte. Ich habe einige Begriffe in dieses Buch einfließen lassen, in der Hoffnung, dass sie eine Bereicherung darstellen und meinen Lesern einen tieferen Einblick vom innersten Wesen meiner indianischen Kultur und der Bedeutung vermitteln, die sie für mich hat.

In meinem Volk ist es Brauch, eine öffentliche Rede oder Anhörung mit Angaben über die eigene Person,

den Rang innerhalb der Stammesgruppe und das An-
liegen zu beginnen. In Übereinstimmung mit dieser
Tradition möchte ich sagen, dass an meinem Leben
nichts Außergewöhnliches ist, außer, dass ich als Kind
einer Lakota-Mutter mit großer innerer Stärke und eines liebevollen Vaters geboren wurde; sie gaben mir
meine Identität. Ihnen und meinen Vorfahren ver-
danke ich, dass ich in Lakota sagen kann *Le miye*: Ich
bin, die ich bin.

Die Farben der Glasperlen

Ich erinnere mich, wie ich einmal einer Ameise zu ihrem Nest folgte. Als Kind konnte ich Dinge tun, die mir heute widersinnig erscheinen, doch damals hatte ich noch das Gefühl der Verbundenheit mit der Erde und eine rege Fantasie. Ich folgte der Ameise, weil ich bunte Glasperlen für einen Ring brauchte, eine einfache Perlenschnur für meinen Finger. Die Unterlegscheibe aus Metall hatte sich als untauglich erwiesen. Mein Vater musste mit mir in den Eisenwarenladen an der Main Street gehen, um sie zu entfernen. Der Inhaber, ein Installateur, der zugleich Öfen, Kühlschränke und Waschmaschinen verkaufte, zwickte das hübsche, glänzende Schmuckstück mit einer Schneidzange von meinem geschwollenen Finger ab. Ich war entschlossen, mir einen neuen Ring oder ein Material zu beschaffen, das keine Schwellung hervorrief. Deshalb kam ich auf die Idee, bunte Glasperlen zu verwenden.
Es war allgemein bekannt bei den Kindern in unserer Nachbarschaft und auch bei einigen Frauen, dass die Ameisen die Perlen, die beim Knüpfen zu Boden fielen, einsammelten und in ihr Nest brachten. Deshalb schlich ich einer Ameise nach, die sich offensichtlich auf dem Heimweg befand. In Nebraska gibt es noch viele unbe-

11

festigte Straßen und Wege und der Boden ist ausgedorrt von der Sonne, harsch und von einem schmutzigen Weiß. Ich folgte der Ameise die Anhöhe hinauf zu dem schmalen Saumpfad hinter dem Haus meiner Großtante, wo der Weg endete und das Unkraut ein hohes, dichtes Gestrüpp bildete. Eine Ameise konnte sich leicht den Weg durch dieses Dickicht bahnen. Ich blieb ihr auf der Spur, die an Erdhaufen, achtlos weggeworfenen Kartoffelchips-Tüten und zerbrochenem Glas vorbei zu einem Ameisenhügel führte, in dem sich allem Anschein nach ihr Nest befand. Ein Heer von Ameisen lief geschäftig auf dem Erdwall hin und her, der eine Höhe von mindestens einem Meter besaß. In der Mitte des Baus befand sich der Eingang, der wie das Kunstwerk eines Landschaftsgärtners rundum mit kleinen runden Kieselsteinen und Glasperlen gesäumt war. Glasperlen in sämtlichen Farben: blaue, blassgrüne, gelbe, rote und weiße, die rund um den Eingang zum Nest ausgelegt waren und wie kindliche Ornamente oder Opfergaben an einen Gott anmuteten. Ich sah, wie die Ameise im Bau verschwand, dann verlor ich sie aus den Augen. Doch da sie mich zum Ziel meiner Wünsche geführt hatte, vergaß ich sie auf der Stelle.

Geduldig beobachtete ich, wie die Ameisen in bestimmten Zeitabständen den Bau betraten und verließen. Ich hätte trotz der Sommerhitze den ganzen Tag dort ausharren können, um ihr Treiben zu verfolgen. Doch ich erinnerte mich an den Grund meines Besuchs und las die Perlen auf, die ich für meinen Ring verwenden wollte. Ich ging behutsam vor und ließ mir

Zeit, sah zu, wie die Ameisen das Weite suchten, wenn sich meine kleinen Finger näherten und eine Zange bildeten, um die besten Perlen aufzuklauben. Ich wollte sie nicht noch mehr aufschrecken. Ich hatte genauso viel Angst vor ihnen wie sie vor mir. Am meisten graute mir vor den roten Ameisen, die sich mit ihren Zangen im Fleisch festhakten, bevor sie ätzende Säure mit ihrem Giftstachel verspritzten.

Ich wählte die besten Perlen aus, die unbeschädigten. Ich fragte mich damals oft, wie die Ameisen ihre Last die Anhöhe hinaufbeförderten, denn der Weg von unserem Dorf bis zum Erdwall war weit. Wechselten sie sich beim Tragen ab oder hielt jede ihre Perle eisern fest während des mehrtägigen Marsches zum Nest? Die Beharrlichkeit, mit der sie uns die Perlen stahlen, war genauso groß wie die Beharrlichkeit, mit der wir ihnen die Beute wieder abnahmen. An dem Tag, an dem ich den Ameisenhügel plünderte, nahm ich alle blauen und gelben Perlen mit. Ich machte mich ohne Gewissensbisse auf den Heimweg, die Perlen in der Hand; jetzt brauchte ich nur noch Nadel und Faden. Ich war schließlich nicht grausam und hatte den Bau weder mit dem Fuß noch mit einem Stock in Unordnung gebracht. Ich nahm nur, was ich gebraucht hatte, und beschloss, wieder zu kommen, um mir die Farben zu holen, die ich an jenem Tag nicht gefunden hatte.

Ich trug meinen Schatz vorsichtig nach Hause. Ich sah meine Tante unter einer hohen Pappel sitzen. Sie hatte eine kleine Schale auf dem Schoß, deren Boden etwa zwei Finger hoch mit winzigen bunten Glasperlen bedeckt war. Sie war mit Perlenknüpfen beschäftigt, wie viele Frauen in unserer Nachbarschaft. Meine Tante verstand sich meisterhaft darauf. Sie arbeitete mit einem Holzrahmen, dreißig Zentimeter lang und fünfzehn Zentimeter breit, der in seiner Form einem Saiteninstrument glich, einer Violine, mit Nylonfaden bespannt. Die Perlenstickerin nimmt bestimmte Perlen auf die Nadel, die das Muster im Rahmen ergänzen oder um ein neues zu beginnen. Sie streicht über die Bespannung wie die Geigerin mit ihrem Bogen über die Saiten, ordnet die Perlen zwischen den Einlagefäden an und verknüpft sie durch Rückführung der Nadel. Im Holzrahmen meiner Tante befand sich ein Band aus weißen Perlen mit einem geometrischen Muster. Sie schuf eigene Werke wie ein Komponist seine Musik oder ein Maler seine Bilder. Sie arbeitete methodisch und suchte die richtigen Farben in der Schale, ähnlich wie ich die Perlen vom Ameisenhügel aufgelesen hatte. Ich bevorzugte blaue Perlen, *t'o*, wie wir in Lakota sagen.

Erst später, als ich älter war, erfuhr ich, dass die Perlen in der Schale vor dem Knüpfen gründlich gemischt werden. Man bewahrt sie nicht nach Farben getrennt auf, weil jede ihre eigene Macht besitzt und dadurch verhindert wird, wie es heißt, dass eine bestimmte Perle Macht über alle anderen gewinnt. Heute gerate ich beim Perlenknüpfen häufig in Versuchung, sie getrennt zu halten, um mir die Arbeit zu erleichtern. Wenn ich die blauen, gelben, weißen und roten Perlen jeweils in einem eigenen Behältnis bereitstellen würde, fände ich die Farben schneller, die ich brauche. Manchmal bin ich drauf und dran, der Versuchung nachzugeben, doch dann erinnere ich mich, wie geduldig meine Tante die Farben herauszusuchen pflegte, und mische sie kunterbunt in einer Schale. So, wie die Ameisen dem inneren Drang folgten, die für sie nutzlosen Perlen in ihr Nest zu tragen, habe ich das innere Bedürfnis, diese Tradition meiner Vorfahren fortzusetzen.

Jahre später erzählte mir meine Tante eine Geschichte, die mich faszinierte. Als sie frisch verheiratet gewesen war, unternahm sie mit meinem Onkel lange Wanderungen durch die Hügellandschaft rund um den Heimatort meines Onkels, unweit des Reservats, in dem ich aufwuchs. Einmal hatten sie die erste Hügelkette hinter sich gelassen und waren zu einer zweiten, vom Weg aus nicht sichtbaren gelangt, als sie eine alte indianische Begräbnisstätte entdeckten. Dort war eine ganze Familie bestattet worden, in traditionellen Wildleder-Hemden und Kleidern, hohen Gamaschen, Mokassins, Halsbändern, Armschmuck und anderen mit Stachelschweinborsten oder Perlen bestickten Grabbeigaben. Kleine Mädchen wurden häufig mit ihren Puppen beigesetzt, die ebenfalls perlenbestickte Kleider trugen, oder mit anderen Spielsachen. In der Nähe der Begräbnisstätte befand sich ein riesiger Ameisenhügel. Und auf diesem Ameisenhügel erspähte meine Tante Perlen in den verschiedensten Farben, alte Glasperlen, die von den Ameisen gesammelt worden waren.

Ich erinnere mich, wie ich diese Hügel hinaufgewandert bin, durch wilden Salbei und hohes Gras. Bis ganz nach oben, wo Kiefern den Kamm säumten. Das Raunen des Windes, der in dieser Höhe durch die Wipfel der Bäume wehte, klang wie Sphärenmusik. In der alten Zeit hieß es in meinem Volk, dass jenseits der Kiefern das Reich der Geister beginne. Wenn die Menschen die Geisterwelt erwähnten, deuteten sie stets nach Norden. Ich erinnere mich noch gut an den würzigen Duft der Kiefern in der Sommerhitze. Als Kind saß ich in ihrem Schatten und zerpflückte behutsam die Kiefernzweige, um Halsketten und anderen Schmuck aus den Nadeln zu basteln. Heute habe ich keine Geduld mehr für solche Dinge, keine Geduld mehr, erlesenen Schmuck zu fertigen aus dem, was einem zwischen die Finger gerät.

Als Heranwachsende schenkte mir jemand eine schwarze Pappschachtel, gefüllt mit den grau-braunen Borsten und Stacheln des Stachelschweins. Hin und wieder holte ich sie hervor und überlegte krampfhaft, was ich damit anfangen sollte, mir fiel jedoch nichts ein. Sie sprachen mich an, zogen mich in ihren Bann, aber ich fühlte mich jedes Mal wie gelähmt. Ich betrachtete sie immer wieder. Hätte ich vor hundert Jahren gelebt, wäre mir klar gewesen, was man damit macht: meine Mutter hätte es mir gezeigt. Ich hätte die Borsten nach ihrer Größe geordnet und gewusst, dass die größten, rauesten vom Rücken und Schwanz stammen; ich hätte sie aufbewahrt, um größere Gegenstände damit zu verzieren, zum Beispiel ein Wiegebrett für meine kleine Tochter, das ich nach alter Sitte an einem Pfosten im Tipi aufgehängt hätte, um sie in den Schlaf zu schaukeln. Die zarten, zerbrechlichen Borsten stammen vom Bauch des Tieres. Damit hätte ich ein Armband oder ein Paar Mokassins geschmückt. Ich hätte sie in einer Büffelblase aufbewahrt und gehütet wie eine Malerin ihre Farben und Pinsel. Vor der Verarbeitung hätte ich die Borsten vorsichtig durch die Zähne gezogen, um sie abzuflachen, hätte sie gefärbt und genauso verwendet, wie ich heute Perlen verwende. Ich hätte sie in einem Sud aus Büffelbeeren und Ampfer ziehen lassen, bis sie das kräftige Rot angenommen hätten, das ich brauchte. Ich hätte sie in einem Sud aus Sonnenblumen und trockener Eichenrinde oder Rohrkolben ziehen lassen, um sie gelb zu färben. Ich hätte sie in einem Sud aus wilden Beeren ziehen lassen, um Schwarz, Rot und Gelb zu erhalten, die einzigen Farben, die mein Volk benutzte, als es noch keine Perlen gab. Rot, Gelb, Schwarz und Weiß – das sind unsere heiligen Farben. Ich hätte Sehnen zum Auffädeln genommen und rote, gelbe und schwarze Borsten mit der gleichen Leichtigkeit zu Ornamenten verwoben, mit der ich heute Perlenmuster knüpfe, die einer feinen, kostbaren Stickerei gleichen. Blaue Stachelschweinborsten hätte ich damals noch nicht verwendet. Erst als die Händler Decken und Stoffballen brachten, konnten die Frauen meines Volkes die Borsten blau färben. Es heißt, dass wir sie mit Fetzen der blauen Decken in einem Sud ziehen ließen, bis der gewünschte Farbton erzielt war. Die Farbe Blau ist mir die liebste von allen.

Die Stacheln auf dem Rücken sind dünn und spitz wie Dolche. Wenn ein neugieriger Hund das Pech hatte, einem Stachelschwein zu nahe zu kommen, musste er bald entdecken, dass es eine Tortur ist, wenn sie sich wie Widerhaken ins Fleisch bohren. Ich habe solche Hunde mit eigenen Augen gesehen und niemanden beneidet, der sie entfernen musste. Die Borsten und Stacheln in meinem Besitz stammten von einem Stachelschwein, das den Versuch, die Schnellstraße zu überqueren, mit dem Leben bezahlt hatte. Sie waren elfenbeinfarben mit schwarzen Spitzen. Wie viel Geduld wäre mir abverlangt worden, wenn ich vor hundert Jahren gelebt und sie immer wieder durch meine Zähne hätte ziehen müssen, damit sie weich würden. Diese Geduld fehlt mir heute. Es heißt, dass wir Frauen die Einzigen waren, die sich auf Ornamente aus Stachelschweinborsten verstanden. Wir schmückten die Stationen unseres Lebens mit solchen Ornamenten aus. Das mit Stachelschweinborsten verzierte Wiegebrett eines Säuglings hätte vor hundert Jahren den gleichen Wert besessen wie ein Pferd. Wir Frauen wetteiferten auf unsere Weise mit den Männern um ihren kostbarsten Besitz, ein Pferd.

Hundert Jahre später weiß ich, wie man die Farben zusammenstellt und die Perlen auf die Einlegefäden im Rahmen knüpft. Ich weiß, dass man das Geheimnis der Schöpfung, dem alle Dinge unterliegen, dadurch achtet, dass man eine einzige minderwertige Perle von anderer Farbe in das Muster einfügt. Die unvollkommene Perle ist ein Symbol der eigenen Unvollkommenheit; sie zeigt an, dass allein der Schöpfer vollkommen ist und nur Seine Schöpfung den Stempel der Vollkommenheit trägt. Als Lakota ahme ich meinen Schöpfer in Demut nach und bin daran gewöhnt, mein Ich hintanzustellen. Ich weiß sogar, welche Muster zu meinem Volk gehören und welche von anderen Stämmen übernommen wurden. Worauf ich mich nicht verstehe, ist die uralte

Kunst, die mich mit meiner Großmutter, meiner Urgroßmutter und der Großmutter meiner Urgroßmutter verbinden würde: Ich weiß nicht, wie ich die Borsten des Stachelschweins durch meine Zähne ziehen muss, bis sie weich sind. Ich weiß nicht, wie ich sie färben muss, bis sie das satte Rot der Würgkirschen annehmen, um sie dann auf Sehnen aufzufädeln und sie mit viel Geduld auf das Wiegebrett meiner Tochter zu nähen. Eines Tages werde ich es mir selbst beibringen; dann werde ich diese vergessene Kunst meiner Tochter beibringen, die sie wiederum an ihre eigene Tochter weitergeben wird, und auf diese Weise werde ich den Kreis wieder schließen, der mich mit ihnen und der Mutter meiner Mutter verbindet.

Ich habe schon als Kind gelernt, dass jedes Lebewesen, auch ein so unscheinbares wie die Ameise, ihren Platz in der Schöpfung hat. Deshalb wurde mir eingeschärft, eine Spinne um Verzeihung zu bitten, falls ich gezwungen war, sie zu töten. Die Spinne ist mächtig: Ihr Biss kann einen Menschen krank machen und deshalb gebührt ihr Respekt. Bei den Lakota gilt alles, was auf der Erde verweilt, als heilig, die Spinne eingeschlossen, denn alle Lebewesen sind von einem Geist beseelt. Der Geist lebender Wesen wird *oni* genannt, der Geist der Toten *wanagi*; als ich klein war, verstand ich die Bedeutung des Wortes *oni* nicht, aber das Wort *wanagi* war mir geläufig. Es wurde von uns Kindern mit dem Geist der Verstorbenen gleichgesetzt und allein der Gedanke, einem solchen zu begegnen, machte mir Angst. Alle Dinge sind von einem Geist beseelt, weil sie ein Teil von *Taku Ska Ska* sind: all dessen, was »sich bewegt, lebt und miteinander verbunden ist«. *Taku Ska Ska* ist Ausdruck der geheiligten oder göttlichen Energie und das Geheimnis, das allen Lebewesen innewohnt. Sie verbindet uns, die Ameise und mich. Wir befinden uns auf derselben spirituellen Ebene und haben das gleiche Recht auf Leben. Kein Lebewesen ist mehr wert als andere. Einige sind unscheinbar und dem Erdboden näher, aber man sollte ihnen trotzdem Achtung zollen. »Von einer Ameise können wir eine wichtige Lektion lernen«, heißt es in meinem Volk.

Wenn es um Herzensangelegenheiten geht, verwendet man in der Lakota-Sprache den Ausdruck *Mi cate el ci yu ha* oder »Ich bewahre dich in meinem Herzen«. Dort habe ich alle Eindrücke gesammelt, an die ich mich erinnern möchte, zum Beispiel an meine Tante, die vor dem Haus meiner Mutter in Nebraska mit ihrer Perlenstickerei unter einer hohen, in der Sonne schimmernden Pappel saß. Sie hatte Erbarmen mit mir, als sie mich kommen sah. »*Wa usilaye*«, bat mich meine Mutter oft mit ihrer weichen, weiblichen Stimme. Sie bat mich, Mitgefühl zu haben mit der winzigsten Ameise, dem kleinsten Kind, den Alten und Schwachen, auch wenn diese äußerlich vielleicht stark wirkten. Mich ihrer zu erbarmen, genau so, wie meine Tante sich an jenem Tag meiner erbarmte. »Komm her«, sagte sie, als sie mich mit den staubigen Glasperlen in der Hand erspähte. Sie öffnete meine Faust und lachte dabei stillvergnügt in sich hinein. Binnen weniger Minuten hatte sie die blauen und gelben Perlen abwechselnd zu einer lockeren Kette aufgereiht. Sie nahm Maß, zählte die Perlen genau ab, schnitt den Faden durch und verknotete die Enden, so dass der Ring perfekt auf meinen kleinen Finger passte.

Jahre später drehte ich einen großen Stein im Dickicht eines Waldes um und entdeckte nicht die gefürchteten roten, sondern große schwarze Ameisen. Sie liefen fieberhaft hin und her in dem Versuch, kleine weißen Eier in Sicherheit zu bringen. In ihrer Panik legten sie die Eier mal hier, mal dort ab. Sie taten mir Leid, ich hatte jedoch das Gefühl der Bewunderung und Angst verloren, das ich als Kind empfunden hatte, als ich ihren Ameisenhügel stürmte, um ihren Schatz zu rauben, um mir zu nehmen, was ich brauchte. Ich fürchtete mich nicht mehr vor ihnen, sondern bedauerte nur, dass ich sie in der Welt, in der ich heute lebte, fälschlicherweise als unbedeutend wahrnahm.

Le Ina mitawa ki e:
Die Mutter, die mich geboren hat

Ich wuchs mit Tanten, Onkel, Cousins, Cousinen und verschiedenen Verwandten und Nachbarn auf, die mich zu dem gemacht haben, was ich heute bin. Diese Menschen, die wie ein Blitz aus heiterem Himmel aufzutauchen und zu verschwinden schienen, hinterließen einen tiefen und nachhaltigen Eindruck in meinem Leben. Im Augenblick ihres Erscheinens wurden sie für immer ein Teil meines Bewusstseins.

Ich erinnere mich, wie ich neben meiner Mutter stand, die bequem auf einem Stuhl saß und die Hände in ihren ausladenden Schoß gelegt hatte, während sie einer Verwandten oder Nachbarin lauschte. Meine Mutter ist eine sehr gute Zuhörerin. Sie ähnelt einer Herrscherin, die Hof hält: eine üppige Frau mit starken Beinen und Armen, die auf ihrem Thron aus Fleisch Platz genommen hat. An meiner Mutter gibt es nichts Bescheidenes oder Zimperliches. Als Kind wirkte sie groß, stark und allmächtig auf mich.

Seit ich denken kann, wuchs ich in einer Welt auf, die von dieser starken, tüchtigen Frau geformt worden war, die ich Mom-mah nannte. Zu ihren Lebzeiten hatte sie elf Kinder geboren, von denen drei im Säuglingsalter starben. Ich unterschied mich in nichts von meinen Geschwistern, fünf Mädchen und drei Jungen. Wir hatten die gleiche Mutter, aber verschiedene Väter, was uns damals nicht bewusst war. Zu bestimmten Zeiten lebten wir alle unter einem Dach und jeder hat heute seine eigenen Erinnerungen an unsere Mutter. Kindheitserinnerungen, mit denen wir fertig werden mussten. Lange Zeit wagte ich nicht zurückzublicken. Ich hatte Angst davor, einen dunklen Punkt in der Vergangenheit zu entdecken.

Ich sehe meine Mutter heute vor mir, wie sie damals war, obwohl sie inzwischen geschrumpft ist und ihre Arme und Beine dünner und beträchtlich schwächer geworden sind.

Ich sehe sie so wie in dem Augenblick, als ich sie zum ersten Mal bewusst wahrnahm, an ihrem Küchentisch, wo sie mit einer Verwandten oder Nachbarin schwatzte und ich neben ihr stand. »Geh spielen«, forderte sie mich auf, mit dem Kinn zur Tür weisend. Spielen? Ich muss gezögert haben, denn sie wiederholte, dieses Mal mit strengerer Stimme: »Warum gehst du nicht spielen? Du bist schließlich ein Kind.« Aus ihren Worten hörte ich heraus, dass sie mich von etwas zu überzeugen versuchte, was ich offenbar bezweifelte. Das fand ich verblüffend, denn als Kind dachte ich, jeder würde auf den ersten Blick erkennen, dass ich genauso vernünftig war wie die Erwachsenen. Ich war der Ansicht, dass ich meine Umgebung ohne Werturteil oder Scheu betrachtete und nur das rechtmäßige Bedürfnis hatte zu erfahren, wozu ich auf der Welt war und was ich wissen musste. Ich hatte Angst, etwas zu verpassen, wenn ich nicht überall dabei war.

Als Fünf- oder Sechsjährige sah ich mich vermutlich als verlängerten Arm meiner Mutter. Wenn ich mich in ihrer Nähe befand, zuhörte und aufmerksam beobachtete, fühlte ich mich in Harmonie mit mir selbst und der Welt. In der Gesellschaft meiner Geschwister oder Freunde hatte ich dieses Gefühl nie und auch nicht das Bedürfnis nach menschlichem Kontakt, das ich bei Mom-mah empfand. Ich hatte nie Angst vor ihr, wohl aber vor einigen älteren Kindern aus der Nachbarschaft. Meine Mutter war für mich ein Zufluchtsort, an dem ich mich ihr nahe und geborgen fühlte. Sie hatte nicht immer Zeit, sich um jedes einzelne Kind zu kümmern. Sie zog die Gesellschaft von Erwachsenen vor, während mir ihre Gesellschaft am liebsten war. Es muss dieses Gefühl der Sicherheit gewesen sein, das ich mit dieser Frau gleichsetzte.

Ich weiß heute, dass meine Geschwister, vor allem meine Schwestern, diese Einstellung zu Mom-mah nicht teilten. Ich frage mich oft, ob meine Mutter wie die Sonne war und wir wie die Erde: Jedes Familienmitglied empfing die gleichen machtvollen Strahlen entsprechend der jeweiligen Position auf der Umlaufbahn; sie war das Zentralgestirn in unserem Universum. Und wo befand ich mich? An einer Stelle auf der Erde, an der die Sonnenstrahlen neutral sind, weder schädlich noch heilsam. Wenn ich an den prägenden Einfluss denke, den sie in meiner Kindheit hatte, und die Sicherheit, die sie ausstrahlte, wundere ich mich bisweilen, wie ich der Mensch werden konnte, der ich bin.

Als Kind besaß ich ein unerschütterliches Selbstvertrauen. Jeden Abend ging ich mit dem Gedanken zu
Bett, dass ich morgen wieder ein Stück gewachsen und
ein besserer Mensch sein würde als am Tag zuvor.
Ich schlief mit dem Gesicht zu der Wand ein, an der
meine Mutter lag, nahe der Tür, damit sie morgens
aufstehen konnte, ohne meinen jüngeren Bruder und
mich zu wecken. Mein Bruder schlief zwischen uns.
Wir schliefen bei ihr, seit meine jüngere Schwester gestorben und mein Vater eines Tages verschwunden
war, um erst viele Jahre später zurückzukehren. In
Mom-mahs Bett war mehr Platz für mich und meinen
Bruder.
Ich lief meinem Vater nach an dem Tag, als er uns verließ. Ich lief eine Viertelmeile hinter ihm her, den ungepflasterten Weg entlang, der zum Highway führte.
»Papa!«, schrie ich. »Papa, wohin gehst du?« Er hielt
inne und blickte sich um, die Hände in den Taschen
vergraben. »Tochter, ich gehe fort.« Er nannte mich
immer Tochter, auf Englisch. Im Gegensatz zu meiner
Mutter sprach er lieber Englisch und nur selten Lakota mit uns. Er ging mit ausholenden Schritten weiter,
den Hut verwegen auf dem Kopf, das Blut seiner fran-
zösischen Vorfahren in dem schmalen Gesicht und der
langen schmalen Nase erkennbar. Er blickte sich zu
mir um, während ich mich anstrengte, Schritt mit ihm
zu halten. Ich wollte wissen, warum, hatte Angst, es
sei meine Schuld. Er zuckte die Schultern und setzte
seinen Weg fort. »Es ist schwer, mit deiner Mutter aus-
zukommen«, erwiderte er schließlich. Ich begleitete ihn
bis zum Highway, dann kehrte ich um. Ich ging allein

nach Hause, mit schleppenden Schritten; ich fühlte mich leer, aber damals akzeptierte ich klaglos das Rätsel, dass er aus meinem Leben verschwinden und wieder auftauchen konnte. Ich hatte mitbekommen, wie sie sich an jenem Morgen geliebt hatten, vor Sonnenaufgang. Ich war aufgewacht, weil ich leise Geräusche gehört hatte; vielleicht hatten sie nach einem Grund gesucht zusammenzubleiben.

In jenen Jahren betete ich auf Englisch, bevor ich einschlief. Ich wünschte meiner Mutter auf Englisch gute Nacht. Sie erwähnte meinen Vater nie. Falls sie ihn vermisste, sagte sie es nicht, und ich vermied es tunlichst, über ihn zu sprechen. Es war besser, zu schweigen und meine Mutter in Ruhe zu lassen. Nachdem ich gebetet hatte, lockerte ich meine Kleider am Hals und schlief ein, zusammengerollt und mit dem Rücken zur Wand. Mein Bruder schlief in der Mitte, zwischen den beiden Menschen, die seine Welt waren.

Ich erinnere mich an die nächtlichen Träume, in denen alle, die im wirklichen Leben größer und besser waren als ich, sich an mir ein Beispiel nehmen konnten, weil ich mich an jenem Tag ausnahmsweise mustergültig betragen hatte. Doch meistens hatte ich Albträume. Der schlimmste Albtraum kehrte immer wieder: Ich war umgeben von Menschen, die fieberhaft durcheinander redeten, in einer fremden Sprache, die ich nicht verstand. Alle starrten mich an, während die Worte immer schneller über ihre Lippen kamen und ich mich, vor Angst wie erstarrt, nicht rühren konnte. Wenn mich meine Mutter nachts stöhnen hörte, weckte sie mich auf. »Ihr ist das Blut in den Adern gefroren«, sagte sie zu meinem jüngeren Bruder, der mich mit erschrockenen Augen ansah.

Ich weiß, warum mir das Blut in den Adern gefror. Ich erinnere mich, wie ich solchen Menschen das erste Mal im wirklichen Leben begegnete. Es war an meinem ersten Tag in der Vorschulklasse des Kindergartens. Alle redeten fieberhaft durcheinander und starrten mich an. Der Drang, wegzulaufen und mich unter dem Bett zu verkriechen, wurde übermächtig, bis ich nur noch ein Stimmengetöse vernahm. Es schwoll an wie Regentropfen, die auf ein Wellblechdach prasseln. Ich geriet in Panik: Ich fürchtete, mein Trommelfell würde platzen und ich würde das Gleichgewicht verlieren und in Ohnmacht fallen, während sich alles ringsum schneller und schneller drehte. Mir war übel und schwindelig. Wenn ich nachts solche Träume hatte, lag ich einen Augenblick reglos da, den Kopf auf dem Kopfkissen, aus Angst, mich zu bewegen.

Genauso fühlte ich mich in dem kleinen Raum in Nebraska, am ersten Tag der Vorschule, als die Lehrerin und die anderen Kinder mich anstarrten, weil ich ihren aufgeregten Stimmen nicht folgen konnte, die in einer mir fremden Sprache durcheinander redeten. Mein jüngerer Bruder machte sich oft einen Spaß daraus, mir in Englisch Fragen zu stellen; obwohl seine Kenntnisse alles andere als perfekt waren, hatte er keine Hemmungen zu sprechen und war stolz darauf, mich zu belehren. Da ich Wert darauf legte, die Antwort richtig zu formulieren, brauchte ich länger; deshalb fürchtete ich mich davor, in dem kleinen Klassenzimmer in Nebraska auf Englisch angesprochen zu werden und die starren Blicke der anderen Kinder zu spüren. Ich konnte es nicht ertragen, angestarrt zu werden. In solchen Augenblicken wurde mir bewusst, wie sehr ich mich von ihnen unterschied, und das machte mir Angst.

Bevor wir ins Reservat zogen, zeigte mir mein Bruder, der sechs Jahre älter war als ich und bereits die sechste Klasse besuchte, vor dem ersten Schultag den Schulweg, den wir jeden Tag zu Fuß zurücklegen mussten. Wir wohnten an einer ungepflasterten Straße am südwestlichen Ende der Stadt, unweit des Viehhofs. Wir lebten Seite an Seite mit Familien, die genauso arm waren wie wir, in eng nebeneinander stehenden Holzhütten, die zwei Straßenblocks ohne Bürgersteig umfassten. Die Hütten ließen sich nicht abschließen und deshalb sicherten wir die Eingangstür nachts mit einem Holzriegel in der Größe eines Tafelschwamms, um zu verhindern, dass sie aufsprang.

Von dieser Wohnhütte aus wagte ich mich zum ersten Mal auf den abenteuerlichen Schulweg. Mein älterer Bruder und ich mussten acht Straßenblocks weit laufen, dann die Eisenbahnschienen überqueren, an den Getreidehebern vorbei, die Hauptstraße entlang, an der Chevrolet-Werkstatt, der Feuerwache, dem Fotoladen und der lutherischen Kirche vorbei den Hügel hinauf, wo das niedrige rote Backsteingebäude stand. Mit seinen großen Fenstern und dem Pausenhof sah es wie jede andere kleine Grundschule in Nebraska aus. Wie riesig kam mir der Pausenhof damals vor, als ich ein kleines Mädchen war – ein kleines Indianermädchen, das zum Spielen hinausging und niemanden zum Spielen fand als den eigenen Schatten.

Damals freute ich mich, wenn die Sirene der nahe gelegenen Feuerwache laut die Mittagspause ankündigte. Sie überwachte an meiner Stelle den Ablauf der Zeit. Wenn sie um Punkt zwölf Uhr ertönte, stürmte ich aus dem Schulgebäude, nach Hause, zum Mittagessen. Dort fühlte ich mich in Sicherheit beim Anblick von Mom-mah, die das Essen zubereitete, und durch den vertrauten Klang der Lakota-Worte. »*Wota ye!*«, sagte sie. Beeil dich, iss! Ich hatte genau eine halbe Stunde, um zu essen und dann zur Schule zurückzulaufen.

Das Mittagessen bestand aus warmem, süßem Tee, einem Fladenbrot, Ofenbrot genannt, das aus Mehl, Backpulver, Öl und Wasser gebacken wurde, und Bratkartoffeln. Die Kartoffeln wurden bei uns in großen Säcken eingelagert. Sie waren von unseren Eltern gepflückt worden und der Lohn, den sie von den Farmern erhielten, wenn sie sich als Erntehelfer verdingten.

Ich erinnere mich an die Kartoffeläcker im September, den Monat, den wir *Cawape gi Wi* nennen, Mond, der die Blätter braun färbt. Sobald die sichtbaren Stängel, Blätter und Blüten der Pflanze nach den ersten Nachtfrösten erfroren waren, pflügten die Farmer ihre Felder um und die Ernte begann. Mom-mah und andere aus dem Reservat folgten dem Pflug und lasen die Kartoffeln auf. Sie beugten sich, die Jutesäcke zwischen den Knien baumelnd, über die Pflanzreihen. Die groben braunen Säcke waren an einem breiten Gurt befestigt, den jeder Pflücker um die Taille trug. Ein Sack hing halb geöffnet an zwei Haken auf der Vorderseite herab und weitere Säcke waren an beiden Seiten und auf dem Rücken eingehakt. Man musste sich tief bücken, um die Kartoffeln mit beiden Händen auszubuddeln und sie vorn in den halb geöffneten Sack zu werfen. Die Pflücker erhielten einen Akkordlohn, der nach der Anzahl der Pflanzreihen berechnet wurde.

Ich sehe Mom-mah heute noch vor mir, wie sie sich tief hinunterbeugte, sich mit dem Sack, der immer schwerer wurde, schrittweise vorwärts bewegte. Sie arbeitete schnell und gut und die Farmer hielten große Stücke auf sie. Sie war stark und galt als zuverlässig. Sie blieb der Arbeit nicht ein einziges Mal fern, bis zu dem Tag, als eine Kartoffel im Feuer zerplatzte, das sie angezündet hatten, um sich bei der Kälte aufzuwärmen. Sie stand neben dem Feuer und wurde von den glühend heißen Brocken getroffen. Sie zeigte mir die schmalen weißen Narben auf den Beinen, wo diese sich in die Haut eingebrannt hatten.

Anfang September liefen wir, sobald die Schule aus war, etwa eine halbe Meile zum nordöstlichen Ende der Stadt, wo sich die großen Kartoffeläcker befanden, um den Pflückern bei der Arbeit zuzuschauen. Eines Tages kam der Farmer mit seinem Pflug an der Stelle vorüber, an der ich stand, und setzte eine Feldmaus auf den Boden. Sie hatte Junge, die sich an ihr festklammerten und noch an ihren Zitzen hingen, als sie davonlief. Ich hatte Mitleid mit ihr und den kleinen rosigen Jungen, die noch kein Fell besaßen. Viele Feldmäuse suchten Schutz in den Kartoffelsäcken, die Mom-mah

und die anderen füllten und am Rand der abgeern-
teten Pflanzreihen liegen ließen. Ich entdeckte die
Mäuse auch oft mit ihren Jungen in den vollen Säcken,
die meine Mutter als Bezahlung mit nach Hause
brachte.

Ich erinnere mich an den Tag, als ich krank war und
nicht zur Schule gehen durfte, weil ich eine anste-
ckende Bindehautentzündung hatte. In der alten Zeit
sagte man, *Heyoka*, der Clown, sei schuld an Augen-
und Hauterkrankungen. Er war kleinwüchsig, uralt
und geheimnisvoll. Er hatte einen Dreispitz auf dem
Kopf, Pfeil und Bogen in der Hand und einen Köcher
auf dem Rücken. Im Winter lief er nackt herum und
im Sommer trug er ein langes, wallendes Gewand aus
Büffelleder. Vermutlich hatte ich *Heyoka* die Bindehautentzündung zu verdanken.

Die Erwachsenen nahmen mich an jenem Tag zur
Feldarbeit mit; ich saß da und wachte über einen Säugling, der in einem Wäschekorb in Mom-mahs Auto
schlief. Als er aufwachte, lief ich auf den Kartoffel-
acker hinaus, um die Mutter zu suchen. Sie stillte ihn
und er schlief weiter. Das war in der Zeit, bevor wir
Nebraska ein für alle Mal verließen und ins Reservat
zurückkehrten. Nach der Umsiedlung war Mom-mah
älter geworden und konnte sich nicht mehr bücken,
um als Pflückerin zu arbeiten.

An dem Tag, als mein älterer Bruder mir den Schulweg
zeigte, machte er mich auf eine schmale Gasse aufmerksam, etwa einen Straßenblock von der Schule entfernt, die zu einer bestimmten Stelle im Park führte.
Die älteren Kinder spielten dort manchmal den ganzen

Tag und schwänzten die Schule. Niemand konnte sie dort sehen und sie gingen erst nach Hause, wenn der Unterricht vorbei war. Eines Tages nahm mich ein älteres Mädchen an der Hand und wollte mich in den Park mitnehmen, doch mein älterer Bruder kam dazu und veranstaltete ein regelrechtes Tauziehen mit ihr, bis es ihm, dem Größeren und Stärkeren gelang, mich loszueisen. Er ermahnte mich eindringlich, in Zukunft direkt zur Schule zu gehen, um pünktlich zu sein, auch wenn einige ältere indianische Kinder, wie das Mädchen, mich überreden wollten, einen Umweg über den Park zu machen.

Ich hörte auf meinen großen Bruder wie eine folgsame Schülerin, war oft verwirrt über die Dinge, die er mir erzählte, aber von dem Wunsch beseelt, so zu sein wie er. Manchmal belohnte er meine Folgsamkeit, wie an dem Tag, als er sein altes weißes Fahrrad herausholte, das auf Felgen statt auf Reifen fuhr, und mir Unterricht erteilte. Er hatte es »Casper« getauft. Das Übungsgelände war eine der unbefestigten Straßen, in denen wenig Verkehr herrschte: Er hob mich in den Sattel, schob mich an und lief neben mir her, bemüht, Schritt zu halten, während ich den unebenen Weg entlangholperte und unkontrolliert bald zur einen, bald zur anderen Seite kippte. Ich umklammerte krampfhaft die Lenkstange und hielt die Augen geschlossen. Meine Zähne klapperten, wenn mich die Räder ohne Gummibereifung durchrüttelten. Er lief neben mir her, versuchte, mich auf Kurs zu halten. Manchmal brach er in schallendes Gelächter aus, wenn ihm das Rad davonfuhr und meine Beine wie verrückt in der Luft zappelten. Als er schließlich überzeugt war, dass ich das Rad allein fahren konnte, schenkte er es mir.

Ein anderes Mal nahm mein Bruder ein Stück Pappe aus einem Karton, in dem meine Mutter die Lebensmittel nach Hause trug, und schrieb mit einem neuen Bleistift meinen Namen darauf – ich ging zu der Zeit noch nicht zur Schule. »Und jetzt schreibst du deinen Namen, genau so«, sagte er mit seiner männlichen Stimme und drückte mir den Pappstreifen in die Hand. Ich sah meinen Bruder an mit seinen kurz geschnittenen Haaren, seinen neuen Schnürstiefeln und dem bunten Hemd, das er in seine neuen Jeans gesteckt hatte. Meine Mutter hatte uns an diesem Tag an der Main Street neu eingekleidet und mein Bruder trug die Schuhe, die für den Rest des Schuljahres halten mussten. Obwohl er so viel älter war als ich, hatte er mehr Interesse an mir als an meinen älteren Schwestern und verlangte, dass ich ihm aufmerksam zuhörte, wenn er mir etwas beibringen wollte. »*Maki pazo*«, zeig es mir, sagen wir in Lakota und er unterwies mich bereitwillig in allem, was ich seiner Meinung nach wissen und lernen sollte. Ich war seine Schülerin, allerdings nicht immer gerne. Ich versuchte, meinen Namen genau so zu schreiben wie er, doch es gelang mir nicht und er verlor bald die Geduld und ging. Wenn ich nicht die Schülerin meines älteren Bruders war, war ich die Spielkameradin meines jüngeren Bruders, was mir Spaß machte. Wir spielten mit seinen kleinen Metallautos auf dem ungepflasterten Weg.

Meine Mutter hatte drei Söhne; mit dem ältesten Sohn hatte ich als Kind wenig Kontakt. Er war über zehn

Jahre älter als ich. An die beiden Brüder, von denen der eine sechs Jahre älter und der andere ein Jahr jünger war als ich, erinnere ich mich am besten. Sie waren so verschieden wie Tag und Nacht, was mir zugute kam. Mein älterer Bruder trug gebügelte Hemden und immer den neuesten Haarschnitt, der gerade in Mode war. Der jüngere zog unter Umständen wochenlang dieselben Jeans an, wenn niemand ihn darauf aufmerksam machte. Seine hellbraunen Haare hingen ihm über die Augen und sahen immer struppig aus, selbst wenn meine Mutter sie kämmte.

Mein jüngerer Bruder spielte mit allem, was gerade zur Hand war. Seine Fantasie kannte keine Grenzen. Er reihte die abgebrannten Zündhölzer aus der Küche auf dem Fußboden auf, wie Armeen, die in die Schlacht zogen. Er lag bäuchlings neben seiner Streichholz-Truppe, focht glorreiche Kämpfe aus und machte sich durch lautstarke Proteste bei allen unbeliebt, die es wagten, ihn bei seinem Spiel zu stören. Manchmal hatte er so viele Zündhölzer um sich herum verteilt, dass niemand sicher an ihm vorbeikam. Mom-mah wurde misstrauisch, als ihre Zahl stetig wuchs, zu Recht, wie ich wusste. Statt abgebrannte Zündhölzchen zu sammeln, machte sich mein Bruder heimlich an der großen Streichholzschachtel zu schaffen, die meine Mutter neben dem Herd aufbewahrte, und zündete gerade so viele an, dass es aussah, als wären sie aus gutem Grund benutzt worden.

Wenn wir draußen spielten, entwarfen mein Bruder und ich ein ausgefeiltes Straßennetz auf den staubigen Wegen von Nebraska, und ich war für die Planung der

Wohnhäuser und Geschäfte zuständig. Manchmal überließ ich ihm das Feld und malte das Innere der Häuser mit einem großen Stock im Sand aus. Ich zeichnete besonders gerne Wohnzimmer mit Panoramafenstern, wie ich sie auf dem Schulweg sah.

Mein sechs Jahre älterer Bruder litt eine Zeit lang unter einem nervösen Zucken des Augenlids und nahm es auf sich, mir anständiges Englisch beizubringen. Immer wieder bläute er mir ein, wie man um ein Glas Wasser bittet oder nach der Toilette fragt. Er gab keine Ruhe, bis ich diese beiden Redewendungen beherrschte; später erfuhr ich, dass sich ein indianisches Mädchen in seiner Klasse in die Hose gemacht hatte, weil sie sich nicht getraut hatte, auf Englisch zu fragen. Das waren die ersten englischen Sätze, die ich lernte, wobei mir der eine leichter über die Lippen ging als der andere.

Ich erinnere mich, wie meine Mutter einmal an der Ecke neben dem Drugstore stand und zu der Straße hinüberblickte, die eine kleine Anhöhe hinauf zur Schule führte. Sie wartete auf mich: Ich hatte am Pfadfindertreffen der Bluebirds teilgenommen, der die jüngeren Mädchen und Jungen angehörten. Sie wartete geduldig, weil es bereits dämmerte und sie sich Sorgen machte, wenn ich nach Einbruch der Dunkelheit allein nach Hause ging. Ich erspähte sie schon von weitem. Sie hatte ein schwarzes Kopftuch um ihr schulterlanges Haar gebunden und akkurat unter dem Kinn verknotet. Sie trug einen schwarzen, bis oben zugeknöpften Mantel über einem dunkelblauen Baumwollkleid, Nylonstrümpfe und schlichte schwarze Schuhe. Sie zog nie Hosen oder Röcke an, nur geblümte Baumwollkleider in gedeckten Farben. Ich habe nie grelle Farben an ihr gesehen. Sie meidet Orange, Gelb, Purpurrot, Grün und Weiß. Sie meidet auffallende Muster, Karos und Streifen. Sie meidet alles, womit sie die Aufmerksamkeit auf sich lenken könnte, und trotzdem sorgt allein ihre Statur für Aufmerksamkeit. Sie ist kräftig gebaut und ihre Beine sind muskulös. Ich habe gesehen, wie sie einen Apfel mit der bloßen Hand in zwei saubere Hälften zerteilte.

Als Kind wollte ich so sein wie sie. Ich mied alles, was sie mied, grelle Farben und auffallend gemusterte Kleider; auch ich bin stolz auf die Stärke meiner Beine, die den Menschen tragen, der ich bin, und eines Tages den Menschen tragen sollen, der ich sein möchte. Ich verstehe sie heute besser, vor allem, wenn ich auch das mit einbeziehe, was schon ihre eigene Mutter mochte oder mied. Es heißt, dass wir Lakota in der alten Zeit schon früh Tugenden wie »Bescheidenheit und Keuschheit« lernten. Wäre ich zur Zeit meiner Großmutter ein junges Mädchen gewesen, hätte ich einen Keuschheitsgürtel getragen, um meine Jungfräulichkeit und damit meine Stellung im Stamm als tugendhafte Frau zu bewahren. Ich hätte mich nach den strikten, klaren Verhaltensmaßregeln unserer Stammesältesten gerichtet, die der Überzeugung waren, dass es die Frau ist, die über die Zukunft ihres Volkes bestimmt.

Ich verstehe meine Mutter besser, wenn ich mir vorzustellen versuche, wie das Leben früher war. Ich erinnere mich an eine alte Zeichnung, die von einem Lakota stammte und eine Frauengruppe darstellte: Sie standen Schulter an Schulter und beobachteten eine Sonnentanz-Zeremonie. Ungefähr gleich groß, weder zu dick noch zu dünn, besaßen sie eine ähnliche Statur. Sie hatten Schals um die Schultern geschlungen und der Saum ihrer langen Tuchkleider berührte die Mokassins. Die Farben, die sie trugen, waren nicht so kräftig wie die Farben der Männer in der alten Zeit. Die Männer bevorzugten Rot, Gelb, Schwarz und Weiß. Die Frauen waren in Pastelltönen gekleidet, wie Schmetterlinge, Hellblau und Lavendel. Sie trugen alle schlichte Drucke und Muster wie meine Mutter. Alle dreizehn Frauen auf der Zeichnung hatten schwarze Haare, in der Mitte gescheitelt und zu zwei langen Zöpfen geflochten, die bis über die Brust hinunterhingen.

Die Haartracht sagte viel über den Menschen aus. Ein gerader Mittelscheitel von der Stirn bis zum Nacken und zwei sorgfältig geflochtene, schnurähnliche Zöpfe zu beiden Seiten des Kopfes deuteten auf Selbstbewusstsein hin. Ein Seitenscheitel, wie die Männer ihn manchmal trugen, signalisierte Unsicherheit. Er zeigte an, dass die Person, die ihn trug, noch auf der Suche nach sich selbst war. Wurden die Haare auf einer Seite geflochten und auf der anderen offen getragen, war das ebenfalls ein Hinweis auf mangelnde Selbstkenntnis. Diese Haartracht sah man überwiegend bei Männern, die im Begriff waren, durch Träume und Visionen ihre eigene Identität zu finden.

Die Frauen schienen ihre Rolle von Kindesbeinen an genau zu kennen und bemühten sich nach Möglichkeit selbstlos, die Kette des Lebens fortzusetzen. Wenn die

Zöpfe über den Rücken hingen, hieß das, dass eine Frau allein stehend und heiratswillig war. Wurden sie nach vorn getragen, wie bei der Frauengruppe, die der Lakota-Künstler gezeichnet hatte, konnte man daraus entnehmen, dass sie verheiratet und nicht mehr verfügbar waren. Das Haar offen über den Rücken fallend zu tragen bedeutete, dass eine Frau in Trauer war.

So trage ich mein Haar am liebsten, offen auf dem Rücken und ungeflochten, um anklingen zu lassen, dass ich um viele Menschen trauere, um meinen Bruder, meine Schwestern, meine beiden Großväter, meine Großmütter, Tanten, Onkel, Cousins, Cousinen, um alle, die vor mir gestorben sind, und um alles, das rings um mich stirbt. *Le Ina mitawa ki e*, die Mutter, die mich geboren hat, lebt und scheint als Einzige zu verstehen, warum ich mein Haar auf diese Weise trage.

Wiya Nupa: Die Doppelte Frau

Früher, in der alten Zeit, bestraften die Mütter ihre Kinder nicht, wenn sie ungezogen waren, sondern erzählten ihnen Geschichten von Wiya Nupa, der »Doppelten Frau«. Sie ist Teil unserer Ursprungs- oder Schöpfungsgeschichten. Durch diese Geschichten lernten wir, dass es am Anfang, noch vor der Entstehung der Welt und der Zeit, ein einziges, allumfassendes Bewusstsein gab. Dieses Bewusstsein wurde seiner selbst und seiner Einsamkeit gewahr. Um die innere Leere zu überwinden und Erfüllung zu finden, wollte es etwas schaffen, über das es seine Macht ausüben könnte. Und so schuf es Leben.

Es schuf *Iya*, den allmächtigen »Stein oder Felsen«, der wiederum *Maka* schuf, »die Erde und alles, was sich darauf befindet«, einschließlich Wind, Donner, Sonne, Mond und Himmel. *Iya* hatte zwei Söhne, *Ksa*, der weise, und *Iya*, der töricht war; *Ksa* ging später seiner Listigkeit wegen als *Iktomi*, die Spinne, in unsere Geschichten ein. *Iya* beging Inzest mit seiner Mutter, die ihm einen Sohn gebar, *Gnaski ya*, »der Geisteskranke« genannt. *Iya* wurde für Kopfschmerzen und Lähmungserscheinungen der Menschen verantwortlich gemacht, genau wie der Clown

Heyoka als Urheber von Augen- und Hautkrankheiten galt.

Diese Geschichten wurden mündlich überliefert, damit die Lebensweise der Lakota von einer Generation zur nächsten weitergegeben werden konnte. Es dauerte lange, bis ich sie verstand, weil sie in der alten Lakota-Sprache erzählt wurden. Vielleicht brauchte ich deshalb länger, bis ich die englische Sprache verstand. Ich wechselte in meiner Kindheit ständig zwischen Lakota und Englisch hin und her, was verhinderte, dass ich eine der beiden Sprachen wirklich lernte.

Ich wuchs in einem Haus ohne Bücher auf. Ich erinnere mich nicht, in den ersten Jahren meines Lebens jemals ein Buch gesehen zu haben, außer der kleinen Bibel in Mom-mahs Handtasche. Ich wuchs nicht mit Büchern auf, die in einer Sprache verfasst waren, die mir, meiner Mutter und Kah-Kah, meinem Großvater mütterlicherseits, fremd war, sondern mit Menschen, eingebunden in den Kreis der Großfamilie, zu der Tanten, Onkel, Cousins und Cousinen, Großväter, Großmütter, Großtanten und Großonkel gehörten. Sie waren meine Bücher. Sie erzählten mir Geschichten in Lakota, die ich niemals vergessen werde. Geschichten aus ihrem eigenen Leben, die ich nie vergessen und an meine Kinder und Kindeskinder weitergeben werde.

In dieser Welt, in der nur Lakota gesprochen wurde, reichen meine ersten vagen Erinnerungen bis in die Zeit zurück, als ich fünf Jahre alt war. Mit acht, lange nachdem ich mit der englischen Sprache und ihren zahlreichen Nuancen in Berührung gekommen war, wurden meine Erinnerungen klarer und ich begann, mich auf meine eigenen Wahrnehmungen zu verlassen. Ich muss ungefähr acht gewesen sein, als mir Mommahs Geschichten wieder einfielen. Damals nistete sich der Begriff »Angst«, wie ich ihn heute aus dem Englischen kenne, in meinem Kopf ein. In der traditionellen Lebensweise der Lakota hat die Angst keinen Platz, doch ich hatte nun einmal Angst. Diese Angst war der Grund, weshalb ich die Geschichten meiner Mutter nicht immer gerne hörte, die Gedanken meiner Vorfahren, die ihren Ausdruck in den altüberlieferten Erzählungen und Worten fanden. Als Kind verstand ich sie nicht und fürchtete mich vor ihnen. Erst später, als ich älter war, begriff ich sie.

Als Kind dachte ich über unsere Schöpfungsgeschichten nach und versuchte zu verstehen, dass es am Anfang nur ein einziges, allumfassendes Bewusstsein gegeben hatte. Ich versuchte, mir vorzustellen, wie das Leben damals gewesen sein mochte, als man die Geschichten in der alten Weise erzählt hatte und nur Lakota gesprochen wurde. Ich versuchte es mir vorzustellen, während ich neben meiner Tante lag, in ihrem Bett, unter den warmen Zudecken, und den Geschichten lauschte, die sie mir in Lakota erzählte. In der Dunkelheit nahm ich nur ihre Stimme wahr. Meine Fantasie folgte dem Licht, das die gesprochenen Worte in mir entzündeten. Dort, in ihrem warmen Bett, fürchtete ich mich nicht. Ihre sanfte, verhaltene Lakota-Stimme lullte mich oft in den Schlaf. Dort, auf ihrem weichen Kopfkissen, sah ich den Narren *Iktomi* mit seinem dicken Hängebauch vor mir. Damals konnte ich ihn finden, den Ort der Stille in meinen Gedanken, an dem ich meine Angst loslassen konnte.

Erst als ich ein junges Mädchen war und meine erste Reinigungszeremonie in der *inipi*, der Schwitzhütte, erlebte, verstand ich unsere Schöpfungsgeschichten und den Lakota-Glauben an das kollektive Bewusstsein unseres Volkes. In dieser runden kleinen Schwitzhütte aus Weidengeflecht, eingehüllt in dicke Decken, gelangte ich zurück in den Schoß der Zeit und fühlte mich wieder eins mit allem, was ist. In dieser Dunkelheit verstand ich wirklich das Lakota-Bewusstsein, das weder Licht noch Form oder festes Gefüge besitzt. Ich vernahm die Stimmen von Frauen wie Mom-mah in verschiedenen Lebensphasen – jung, in mittleren Jahren und alt –, die in der Schwitzhütte weinten, beteten und sangen. In der Dunkelheit war nicht mehr festzustellen, woher die Stimmen kamen. Als ich aus dem dunklen Schoß der Zeit auftauchte, erkannte ich, dass ich ein Teil von ihnen war und sie ein Teil von mir waren. Ich hörte, wie sie *Taku Ska Ska* anflehten, ihnen *wiconi*, Leben, zu schenken: Leben für sie selbst, ihre Kinder und Familien, ihre Brüder und Ehemänner und alle ihre Anverwandten. Und ich verstand. Ich verstand, weil ich ihnen und den Ihren *wiconi* wünschte; und sie wünschten mir, worum ich unter Tränen gefleht, gebetet und gesungen hatte. Das ist es, was man unter Lakota-Bewusstsein verstand und noch heute versteht und was ich als junges Mädchen begriff.

In unseren Schöpfungsgeschichten tauchte die Doppelte Frau zuerst auf. Mein Großvater Kah-Kah erzählte, dass *Taku Ska Ska* den Menschen erschuf und ihn *Pte Oyate* nannte. *Pte* ist der Name des weiblichen Büffels und *Oyate* bedeutet Volk. Der erste Anführer des Büffelvolks hieß *Wa* oder Schnee, und seine Frau *Kal*, was so viel wie »dort« bedeutet. Sie hatten eine Tochter mit Namen *Ite*, Gesicht. Sie verwandelte sich später in die gefürchtete *Anuk Ite Wi* oder *Wiya Nupa*, die Doppelte Frau.

Es hieß, *Ite* sei schön und eitel gewesen. Sie wurde mit *T'ate*, dem Wind, vermählt und gebar ihm vier Söhne. Ihre Söhne wurden die vier heiligen Himmelsrichtungen: Westen, Norden, Osten und Süden. Ihre Eltern und Söhne ermutigten sie, *Apetu Wi*, die Sonne, zu verführen, in der Hoffnung, dadurch Unsterblichkeit zu erlangen. Da *Apetu Wi* bereits *Hahepi Wi*, den Mond, als Gefährtin erkoren hatte, galt die Verführung als herzlos. Sie brach das Herz von *T'ate*, ihrem Gemahl, und von *Hahepi Wi*, die ihr Antlitz vor Scham verhüllte. Es heißt, das sei der Grund für die Entstehung der verschiedenen Mondphasen.

Als *Skan*, der Himmel und oberste Richter aller Dinge, sah, was *Ite* getan hatte, bestrafte er sie, indem er ihr ein zweites Gesicht mit grotesk verzerrten Zügen verlieh. Ihre beiden Gesichter, das eine schön, das andere hässlich, wurden Symbole für Harmonie und Zwietracht. Sie erhielt den Namen *Wiya Nupa*, Doppelte Frau. Als weitere Strafe wurde ihr der ungeborene Sohn genommen und in *T'ate Wam.niom.ni* verwandelt, was Windstoß bedeutet. Er gehört nicht zu den mächtigen Winden der vier heiligen Himmelsrichtungen, sondern ist nur ein kleiner Wind, der vorübergeht, sich in seiner Verwirrung selbst angreift und wieder im Nichts verschwindet, aus dem er gekommen ist. Wenn man ihn spürt, ist man zu sagen versucht: »Was war das?« Und ein Lakota würde antworten: »Nichts.«

In unserer Kultur sind die Kinder die wichtigsten, kostbarsten Lebewesen, die es gibt. Sie werden *wak'ayeza* genannt; der erste Teil des Wortes bedeutet heilig oder göttlich. Für die Eltern, die ihre Kinder nach alter Tradition erziehen, sind sie das allerhöchste Gut auf Erden. Als die Missionare kamen und sahen, wie unsere Kinder aufwuchsen, waren sie entsetzt über die »laxen Erziehungsmethoden«. Sie versuchten, uns die Kinder mit Gewalt wegzunehmen, und oft gelang es ihnen. Wenn ich mir heute vorstelle, meine Töchter müssten bei jemandem aufwachsen, der sie nie so kennen oder lieben würde wie ich, stirbt etwas in mir. Nach den ersten Zwangsumsiedlungen in Reservate gelang es der Regierung gelegentlich, uns die Kinder wegzunehmen. Viele starben in den Erziehungsanstalten, in die man sie brachte, durch Vernachlässigung oder Misshandlungen. Ich weiß, dass viele Mütter und Väter innerlich starben, als man ihnen die Kinder wegnahm.

Die Missionare und andere, die nicht zu unserem Volk gehörten, verstanden nicht, dass die Kinder unser Ein und Alles sind, oder *wak'a*, »alles, was gut ist in unserem Herzen«. Wir wissen: Was wir ihnen mit auf den Lebensweg geben, wird das Leben uns mit auf den Weg geben. Kinder sind ein Beweis des Vertrauens, das der Schöpfer in uns gesetzt hat. Sie befähigen uns, den Blick über die Gegenwart hinaus bis zur siebten Generation zu richten. Außenstehende wussten nichts über die Lebenswelt der Lakota; sie kannten nicht einmal das wichtigste kosmische Gesetz, das jeden Aspekt unseres Handelns bestimmt, das Gesetz von Ursache und Wirkung. Wir glauben, dass wir vom Leben genauso behandelt werden, wie wir unsere Kinder behandeln.

Wenn meine Mutter die Geschichte von der Doppelten Frau erzählte, weil mein jüngerer Bruder oder ich uns ungehörig benahmen, wies sie uns darauf hin, dass solche Kinder in der alten Zeit ein paar Minuten nach draußen vor die Tür gehen mussten, um sich zu besinnen. Dort stand *Wiya Nupa*, die es gar nicht erwarten konnte, sie mitzunehmen. Das Schlimme war, dass sie zwei Gesichter hatte: Das schöne wirkte beruhigend, das hässliche flößte Angst ein. Mom-mah erzählte uns, dass sie die Kinder mit einer Hand besänftigte, während sie in der anderen eine Gerte hielt, mit der sie ihnen den Hosenboden versohlte. Kein Kind, das diese Geschichte kannte, wünschte sich das grauenvolle Schicksal, das draußen vor der Tür wartete, und benahm sich auf Anhieb tadellos. Noch heute verspüre ich diese Mischung aus Faszination und Furcht, wenn ich die Geschichte von der Doppelten Frau höre. Ich verstehe die uralte Weisheit, die sich dahinter verbirgt: Dieses Wesen besitzt eine lichte und eine dunkle Seite, die zwei Seelen, die in unserer Brust wohnen.

Ich wuchs mit vielen Kindern auf – Brüdern, Schwestern, Cousins, Cousinen und Freunden. Heute weiß ich, warum unsere Schöpfungsgeschichten auf eine ganz bestimmte Weise erzählt wurden. In der Kindheit nehmen wir unsere Welt zwar bewusst wahr, doch erst wenn wir der Sprache mächtig sind, können wir unsere Gedanken und Gefühle zum Ausdruck bringen. Erst dann können wir erklären, was es bedeutet, in einer Kultur aufzuwachsen, in der die Kinder ein Segen sind und als das höchste Gut auf Erden gelten. Die Ältesten in unserer Mitte wussten jedoch schon vorher, welche Kinder *ksape* waren, aufgeschlossen, achtsam und aufgeweckt; das verrieten ihnen die Augen. Ich erinnere mich, dass Mom-mah meine Tochter ansah, die damals noch ein Baby war, und erklärte, sie sei *ksape la*. Sogar ein Säugling kann nach Auffassung der Lakota schon aufgeschlossen, achtsam und aufgeweckt sein.

Wir wurden von den Erwachsenen nie geschlagen, angebrüllt oder lächerlich gemacht. Sie gingen uns mit gutem Beispiel voran und es wurde erwartet, dass wir angemessenes Verhalten durch Beobachtung und aufmerksames Zuhören lernten. Mom-mah sagte, in der alten Zeit sei die Erziehung der Töchter Aufgabe der Mütter und die Erziehung der Söhne Aufgabe der Väter gewesen. Ein kleines Mädchen folgte der Mutter auf Schritt und Tritt und sie brachte ihm bei, was es wissen musste. Auch meine Mutter versuchte nach Möglichkeit, mich in ihrer Nähe zu behalten. Wenn sie Zeit hatte, lehrte sie mich Dinge, die sie vermutlich schon von ihrer eigenen Mutter gelernt hatte. »*Wo mici gni*«, ich habe mich auf Nahrungssuche begeben, pflegte sie zu sagen, weil sie die meiste Zeit nach Möglichkeiten Ausschau hielt, die Familie über Wasser zu hal-

48

ten. Ich erinnere mich an ihre Hände, die nie untätig waren: Immer waren sie mit Kochen, Putzen, Waschen, Flicken, Backen, Haarekämmen oder Wechselgeld-Nachzählen beschäftigt. Ich erinnere mich, wie sie Brotteig knetete: Mit ihren starken Knöcheln verteilte sie ihn gleichmäßig in der Pfanne, bevor er gebacken wurde. Am liebsten mochte ich ihr Ofenbrot. Es wurde im Ofen gebacken, den sie mit Scheiten vom Holzstapel heizte. Wenn wir bei der Sonnentanz-Zeremonie im August im Zeltlager wohnten, bereitete sie ein anderes Brot zu, das in einem Tiegel mit Öl über dem offenen Feuer gebacken wurde. Ich zog ihr Ofenbrot vor, das immer dick und warm aus dem Rohr kam.

Ich wuchs auf wie meine Mutter. Ich wuchs auf, ohne jemals von einem Erwachsenen geschlagen worden zu sein. Ich habe gehört, dass auch andere Stämme ihre Kinder so sanft und pfleglich behandeln, »wie besonders weiches Hirschfell«, würde meine Mutter sagen. Mom-mah hat ein weiches Herz, das ich von ihr geerbt habe. Als ich älter wurde, pflegte sie mich daran zu erinnern, wenn sie mir etwas begreiflich machen wollte. »So bist du nicht aufgewachsen«, hieß es, was bedeutete, dass manche Kinder mit harter Hand erzogen wurden. Sie war der Überzeugung, genau wie ich heute, dass Kinder am besten lernen, wenn man sie mit sanfter, liebevoller Hand erzieht. Es wird erzählt, dass die Stämme an der Ostküste entsetzt waren, als sie sahen, wie die europäischen Siedlerfrauen ihre Kinder schlugen. Wie kann jemand die Hand gegen etwas erheben, was heilig ist?

Meine Mutter erzählte uns, immer wenn sie ein Kind

vor Kummer oder Schmerzen weinen hörte, habe sie sich krank und elend gefühlt. Auch ich kann es kaum ertragen, ein Kind weinen zu hören. Mom-mah ermutigte uns, die Tränen zu unterdrücken, als wir älter wurden. Als ich zehn war, sagte sie mir, es sei besonders traurig, wenn ich in diesem Alter noch weinte. Wenn sie mich darauf aufmerksam machte, hörte ich mich selbst weinen und stimmte ihr zu. Mom-mah wuchs bei Eltern auf, die sich noch an die alte Lebensweise erinnerten, vielleicht sogar an die Zeit, als Crazy Horse, Sitting Bull und andere große Führer unseres Volkes mit sanfter Hand und Geduld erzogen wurden. Ich habe Geschichten von Männern und Frauen gehört, die bei ihren Lakota-Großeltern aufwuchsen, Menschen, die so weichherzig waren wie ihre alte Haut. Es muss schön gewesen sein, so viel Liebe zu spüren.

Mein Großvater Kah-Kah sagte, wenn in der alten Zeit ein Kind geboren wurde, habe es Zweiteltern erhalten. Die leiblichen Eltern übernahmen die Rolle der geduldigen Lehrer. Die ernannten Zweiteltern, meistens ein Onkel und eine Tante, hatten die Aufgabe, das Kind auf sein Fehlverhalten hinzuweisen, und sie waren die Einzigen, die es zurechtwiesen. Damals wurden Kinder mit den Worten ermahnt: »Was immer du suchst durch dein Verhalten, wirst du finden – Gutes oder Schlechtes.« Damals lebten wir in einer Welt, in der man Worten Beachtung schenkte. Die Jungen hörten auf die Älteren und die Älteren versuchten vorzuleben, was sie an die nachfolgende Generation weitervermitteln wollten. Damals war jeder ein Lehrer, doch nur jungen Menschen sah man Fehler nach, denn sie boten eine Möglichkeit zu lernen. Es war wichtig, das Richtige zu lernen. Noch heute sagt meine Mutter, wenn jemand einen Fehler macht: »Das liegt nur daran, dass sie es nicht richtig gelernt haben.«

Als Kinder lernten wir aufmerksam zuzuhören, wenn man uns Geschichten erzählte. Wir lernten, zu gehorchen und dem gesprochenen Wort Achtung zu zollen. Wir lernten, still zu sein und zu beobachten. Dieses Verhalten strebte meine Mutter für mich an, als sie meine Ohrläppchen durchbohren ließ; sie hoffte, ich würde ein folgsames Kind sein und unsere Lakota-Traditionen in meinem Herzen lebendig erhalten. Mommah legte Wert darauf, uns zu mutigen Menschen zu erziehen, und sagte immer mit ihrer weiblichen Stimme: »Hab keine Angst.« Sie legte Wert auf Großzügigkeit und sagte: »Horte keine Dinge.« Sie legte Wert auf Fleiß und hasste Faulheit. Und sie ermahnte uns immer wieder: »Versucht, das, was ich euch sage, klar zu sehen.«

Damals glaubte man, dass diejenigen, die nicht lernten, sich angemessen zu verhalten, *wicasasni* seien, »Nicht-Menschen«. Darunter verstand man Personen, die vom rechten Weg abgekommen, bestechlich oder charakterschwach waren. Es war ein Wort, das Schande bedeutete. Ich gab mir große Mühe zu lernen, selbst wenn ich dabei vor allem an meinen eigenen Vorteil dachte und es nur meiner Mutter recht machen wollte. Wie jedes Kind hatte ich noch eine andere Stimme in mir, die das Gegenteil von dem wollte, was Mom-mah für mich erhoffte. Ich war eine gute Zuhörerin und Beobachterin, allerdings kein braves, fügsames Kind. Ich übertrieb bisweilen maßlos und bewirkte oft das Gegenteil dessen, was gewollt war: Ich lernte, still zu sein und das Verhalten anderer schweigend in Frage zu stellen, ihre Absichten durch Beobachtung zu erraten und ihr Tun zu verachten. Ich war mutig, aber auf unbeständige Weise. Ich war großzügig, aber nur dann, wenn ich es wollte. Ich war fleißig, aber mein Ehrgeiz kannte keine Grenzen. Ich war wie die Ameise auf dem Ameisenhügel, die nutzlose Perlen in ihr Nest trug, nur um die Lust an der Bürde auf meinem Rücken zu spüren. Ich war wie die Großmutter aus Mom-mahs Geschichte, die ihren Enkel in das Haus zurückschickt, in dem sie beide übernachtet hatten, um den Gastgebern auszurichten, dass sie es nicht gewesen sei, die ihren Blähungen in der Nacht Luft gemacht hatte. Ich dachte zu viel nach und war der Meinung, anderen erginge es ebenso. Ich hatte manchmal das Gefühl, ich könnte andere durchschauen und sie mich. Manchmal hörte ich, wie ich mir lautlos die eigenen Unzulänglichkeiten vorhielt. Ich versuchte, mich mustergültig zu verhalten wie mein älterer Bruder, verhielt mich jedoch am Ende eher wie meine Mutter. Damals schien es weder ihr noch mir bewusst zu sein. Vielleicht erkannte sie es. Ich nicht.

Ich erinnere mich an die Frau, die ihre kleinen Kinder aus Unzufriedenheit und Verzweiflung schlug. Ihre Welt war aus den Fugen geraten. Ihre Mutter war tot, ihr Vater hatte wieder geheiratet und sie selbst war gerade zwanzig geworden. Der zweite Ehemann hatte sie verlassen und sie stand mit zwei kleinen Kindern allein da. Sie hatte niemanden, der ihr half, keine Unterstützung, auf die sie zurückgreifen konnte. Sie besaß weder eine abgeschlossene Schulausbildung noch irgendwelche besonderen Talente. Die einzige Stärke, die sie besaß, war ihre Schönheit, die Leben sprühend gewesen war und zu welken begann, weil sie nach dem zweiten Kind immer missmutiger wurde. Ich erinnere mich an sie, weil sie ihre Kinder schlug. Sie entsprach meiner Vorstellung von der Doppelten Frau: Sie war freundlich zu allen, außer zu ihren Kindern. Sie gab sich den Anschein, als sei sie eine gute, fürsorgliche Mutter: Sie wusch die Kinder, kämmte ihnen die Haare und zog sie an, aber wenn sie frustriert war, schien ein dunkler Schatten aus ihrem Innern hochzusteigen, der sich in einer Gewalttätigkeit Luft machte, die alle erschreckte.

Ich erinnere mich an den Tag, als ich neben Mom-mah stand und zusehen musste, wie sich der kleine Sohn vor Schmerzen wand, als sie ihn schlug. Ich drängte mich instinktiv an meine Mutter, suchte ihre Wärme. Ich wollte, dass sie ihre starken Arme um mich legte, damit ich mein Gesicht in ihrem Schoß verbergen könnte, doch sie tat es nicht. Sie saß reglos da. Genau wie ich. Ich war wie angenagelt an dem Fleck, der nach meinem Empfinden sicher und weit genug von der Frau entfernt war. Ihr Sohn, ein Kleinkind, hatte niemanden, zu dem er laufen konnte, niemanden, der ihn schützte. Ich erinnere mich an die Wut in ihrem Blick, an das hübsche verdrießliche Gesicht, das versteinert und kalt aussah. Sie schlug ihren Sohn, hielt ihn am Ellbogen fest, damit er nicht weglief, schlug ihn wieder und wieder auf den Po. Sie gab keinen Laut von sich, doch ich konnte ihre Wut hören. Sie klang wie eine alte Schallplatte mit 45 U/min., die langsamer abgespielt wurde. Ich hörte sie und versuchte, mich unter dem Arm meiner Mutter zu verkriechen, doch es gelang mir nicht, mich zu verstecken. Ich spürte ihre Wut, während ich gezwungen war zuzuschauen, unfähig, meinen Blick von dem kleinen Jungen zu lösen. Ich sah, wie er sich vor Schmerzen wand, und ich spürte, wie ihre Wut in meinem Gesicht und in meinen Augen brannte, als hätte sie mich geschlagen. Meine Mutter hatte es wohl bemerkt, denn sie sagte: »*Heyabeyayaye.*« Das bedeutet: »Geh! Sie will mich dazu bringen einzugreifen.« Ich lief weg, verbarg mich hinter ihr, konnte jedoch nicht vor dem Bild des Kindes davonlaufen. Ich weiß, dass ich damals der Doppelten Frau begegnete.

Ich erinnere mich an den Tag und ich spürte dasselbe Grauen wie bei dem Gedanken, dass meine Mutter mich vor die Tür schicken könnte, wo mich *Wiya Nupa* mitnehmen würde. Heute ist mir klar, dass diese Frau, die ihren Sohn verprügelte, es nicht besser wusste: Die alte Lebensweise war im Verschwinden begriffen und sie hatte vergessen, dass wir Lakota unsere Kinder nie schlagen. Ich versuche mir vorzustellen, was ich getan hätte, wenn ich damals älter gewesen wäre, als ich neben meiner Mutter stand, ob ich mich eingemischt hätte, um dem *wak'ayeza*, dem heiligen kleinen Wesen, zu helfen. Ich hörte später, dass ihr beide Kinder weggenommen und sie bei einer Pflegefamilie untergebracht worden waren, und ich war froh. Wo immer sich der kleine Junge auch befinden mochte, ich war froh, dass *Wiya Nupa* ihn nicht holen würde, denn sie lebte in unserer Nachbarschaft.

Vom Gewicht des Wildleders erdrückt

In Nebraska kommen alle Farmer und Viehzüchter aus der Umgebung im August in die Stadt, wo einmal im Jahr die große Landwirtschaftsausstellung des Verwaltungsbezirks stattfindet. Auf der Main Street wird eine Parade abgehalten und auf dem Rummelplatz findet ein Rodeo statt und es wird ausgelassen gefeiert. Der Rummelplatz liegt am östlichen Ende der Stadt, in der Nähe der Maisfelder, wo die asphaltierten Straßen enden und die Schotterwege beginnen. Das Rodeo ist die meistbesuchte Veranstaltung der gesamten Ausstellung. Die kleine Karawane der Schausteller, die von Ort zu Ort zieht, bietet Unterhaltung für jedermann. Riesenrad, Fahrgeschäfte und Schaubuden begleiten sie üblicherweise. Einmal brachte sie ein Flusspferd in einem vergitterten Wohnwagenanhänger mit und die Leute zahlten einen Vierteldollar Eintritt, um es zu sehen. Ich erinnere mich, wie meine Mutter auf der schmalen Treppe stand, in den Wagen spähte und zurückschrak, als das Flusspferd den Rachen aufriss.

Ich erinnere mich an einen August, den Monat, den wir *Wasut'u Wi* nennen, in dem die Würgkirschen reifen, als Temperaturen von mehr als dreißig Grad herrschten. Ich stand hinter dem Drugstore an der

Main Street und wartete auf meine Mutter; sie wollte nachsehen, wie weit die Parade gekommen war. Eigentlich hätte ich mit einer indianischen Tanzgruppe daran teilnehmen sollen, doch wir waren zu spät gekommen und der Zug hatte sich bereits in Bewegung gesetzt. Ich stand auf dem Bürgersteig, direkt neben der Tasche, in der sie mein Wildlederkleid verstaut hatte. Meine Haare, zu zwei ordentlichen langen Zöpfen geflochten, hingen mir über den Rücken. Die Zöpfe wurden direkt hinter den Ohren durch Haarbänder gehalten, die mit Perlen und Federn bestickt waren. Bei jeder Bewegung erzitterten die bunten Federn, die leicht waren wie Zuckerwatte.

Ich hatte ein weißes Jungen-T-Shirt, Jeans, Wildledergamaschen, die vom Knöchel bis zum Knie reichten, und perlenbestickte Mokassins an. Meine Wangen waren mit Puderrouge gefärbt und ich trug ein perlenbesticktes Stirnband. Ich schwitzte in der Hitze. Ich hatte gesehen, wie mein Vater den Ballen Wildleder im Arts and Crafts Store ausgesucht hatte, einem Laden im Reservat, der kunsthandwerkliche Erzeugnisse verkaufte. Er hatte außerdem noch ein zweites Kleid für mich erstanden. In der alten Zeit hätte er einen Elch erlegen müssen; es heißt, dass man einen ganzen Elch brauchte, um daraus ein Kleid für ein kleines Mädchen zu fertigen. Er hatte außerdem zwei traditionelle Tanzkostüme für meinen älteren Bruder gekauft. Das andere Kleid, das ich besaß, war nicht aus Wildleder, sondern aus einem dunkelblauen deckenähnlichen Material. Es war leichter und bequemer zu tragen. Am Kragen, an den Säumen und Manschetten waren rote und weiße Bänder aufgenäht. Das war mein Lieblingskleid. Die Vorderseite war von oben bis unten mit elfenbeinfarbenen Muscheln oder künstlichen Elchzähnen bestickt, ungefähr sieben Reihen mit jeweils acht oder neun Zähnen. Dazu gehörten farblich passende Gamaschen und ich trug dazu dieselben Mokassins wie zu meinem Wildlederkleid. Das blaue Deckenkleid war mir lieber als das aus Wildleder, vor allem im August, wenn die Hitze und Trockenheit alles mit einer pulverfeinen Staubschicht bedeckten.

Als ich auf dem Bürgersteig hinter dem Drugstore stand, hielt ich eine Waffel mit zwei Kugeln Schokoladeneis in der rechten Hand. Wir kauften dort seit vielen Jahren, hatten uns jedoch nie an die Theke gesetzt. Normalerweise bestellten wir im Stehen und gingen zur Tür hinaus, nahmen das Eis mit nach Hause, auf unsere Seite der Stadt. An jenem Tag, als ich mein Lieblingseis schleckte, wurde ein kleines weißes Mädchen, eine *wasicu*, auf mich aufmerksam, wie ich da in T-Shirt, Jeans und Stirnband stand, und meinte: »Schau mal, Mama, ein kleiner Indianerjunge.« Ich schleckte mein Eis, das in der Hitze schmolz, ungerührt weiter und beobachtete sie schweigend. Ich fand es töricht, dass sie mich für einen Indianerjungen hielt, ich klärte sie jedoch nicht über den Irrtum auf. Ich wartete nur, dass sie endlich verschwand, damit ich in Ruhe mein Eis essen konnte.

Damals redeten wir nicht mit den *wasicu*. Wir waren zu gehemmt, um Englisch zu sprechen, und sie waren zu gehemmt, um mit einer Lakota zu sprechen. Die Einzigen, die sich mit uns unterhielten, waren die Ladenbesitzer und ihre Stimmen wurden dabei lauter und um eine Oktave höher, als wären wir schwerhörig. »Wie geht's?«, brüllten sie, ohne eine Antwort zu erwarten. »Okay«, brüllte meine Mutter zurück. »Glaubt er, dass ich taub bin?«, pflegte sie auf Lakota hinzuzufügen. Sie teilte gerne unbemerkt Seitenhiebe in Lakota aus, wenn sie mit den Händlern an der Main Street sprach. »Wie viel kostet das?«, fragte sie und deutete auf ein Sonderangebot. »Vier Dollar«, erwiderte der Mann, oder »*Maza ska topa*«, was auf Lakota vier weiße Metallscheiben bedeutet. Mutter schnappte empört nach Luft und entgegnete: »Das Material ist billig und die Verarbeitung schlecht. Warum ist die Ware so teuer?« Dann schickte sich meine Mutter zum Gehen an und der Mann lenkte ein: »Na gut, weil Sie es sind. Sagen wir zweieinhalb.« – »Ich nehme sie«, erwiderte meine Mutter, das Geld abgezählt in der Hand. Es waren keine richtigen Unterhaltungen, nur ein Austausch von Waren und Geld. Das Geld war viel mehr wert als die minderwertigen Waren, die wir dort im Sonderangebot kauften. An solchen Orten lernte ich, zu schweigen und die *wasicu* zu beobachten, mit dem gleichen Argwohn, mit dem mich der Ladenbesitzer beobachtete, wenn ich sein Geschäft an der Main Street betrat.

Wenn ich mein Wildlederkleid, meinen bunten Perlenschmuck und meine Mokassins trug, legte der *wasicu* sein Misstrauen plötzlich ab und zahlte mir einen Vierteldollar, um für Fotos zu posieren. Ich weiß, wie sich der große Häuptling Sitting Bull gefühlt haben muss, als sie sich mit ihm fotografieren lassen wollten. Ich habe meine Bilder aus jener Zeit gesehen, ein kleines Mädchen, in Wildleder gekleidet, mit Federschmuck und finster gerunzelter Stirn. Mir kam nicht oft ein Lächeln über die Lippen; es passte nicht zu mir. Ich runzelte von klein auf die Stirn, auf mehr Fotos, als ich mich erinnern kann. Eigentlich hätte sie mit dreißig durch lebenslange Übung so tief und gleichmäßig gefurcht sein müssen wie ein Acker.

Ich war sieben, als ich mein Wildlederkleid trug, obwohl ich es nicht tragen wollte. Als ich es zur Landwirtschaftsausstellung im August anzog, fühlte es sich heiß und schwer an. Meine vollständige Garderobe bestand aus dem Wildlederkleid, Wildledergamaschen, perlenbestickten Mokassins, perlenbesetztem Stirnband, Perlenhaarbändern mit bunten Federn und einem Halsschmuck aus Knochen, der lang herunterhing und meinen ganzen Brustkorb bedeckte. Die Knochen waren nicht echt. Sie machten bei jeder Bewegung Lärm, also versuchte ich, mich so wenig wie möglich zu bewegen. Sie klapperten wie Steine in einem Pappkarton, und wenn mir heiß und unbehaglich war, erboste mich das Geräusch. Die Wildlederkleidung wurde zur Tortur: Ich fühlte mich durch ihr Gewicht erdrückt und gehemmt.

Ich tanzte den traditionellen Frauentanz, der erforderte, dass man immer wieder an einer Stelle stehen blieb und die Knie im Rhythmus der Trommelschläge beugte und streckte. Ich konnte an der Stelle, an der ich mich dann jeweils befand, auch im Kreis tanzen. Wenn sich die Frauengruppe wieder in Bewegung setzte, dann in entgegengesetzter Richtung zu den Männern, auf Zehenspitzen, während sie im Rhythmus der Trommelschläge die Knie beugte und streckte. Wir tanzten alle im Kreis – Männer, Frauen und Kinder. Die Männer und Jungen bewegten sich dabei nach rechts, die Frauen und Mädchen nach links. Frauen tanzten außen, schlossen den inneren Kreis der Männer ein. Die Rolle der Frauen bestand darin, sich außen vor zu halten, als Zuschauerinnen, sogar beim Tanzen. Wir sahen unseren Männern zu, die sich beim Tanzen zusahen.

Die beiden Tanzkostüme meines Bruders unterschieden sich von der traditionellen Kleidung: Sie waren mit mehr Federn geschmückt und auffälliger. Mein älterer Bruder fühlte sich in seinem Kostüm nicht so befangen wie ich. Er tanzte hoch aufgerichtet und stolz, seine helle Haut glänzte in der Hitze. Er sah sehr schmal und leicht in seiner Kleidung aus. Er trug vier runde Feder-Tournüren, eine oben auf dem Rücken, eine unten auf dem Rücken und zwei kleinere auf den Schultern, und einen hohen Kopfputz aus Stachelschweinborsten. Außerdem hatte er ein Perlenstirnband, an dem drei kleine Spiegel befestigt waren, der eine an der Stirn und zwei kleinere an den Schläfen. Die Spiegel fingen die Strahlen der Sonne ein und reflektierten das Licht, wenn er seinen Kopf bewegte.

Er trug perlenbestickte Stulpen und einen perlenbestickten Gürtel über seinem Lendentuch, einen zottigen Beinschmuck mit Glöckchen an den Knöcheln und perlenbesetzte Mokassins. Er tanzte leichtfüßig; mit hoch erhobenen Beinen bewegte er sich wie ein Vogel, der seine Schwingen ausbreitet, und wirbelte im Rhyth-

mus der Trommeln um seine eigene Achse. Wenn ich
einen Falken oder Adler mit majestätischer Gelassenheit am Himmel kreisen sehe, erinnere ich mich an
meinen Bruder, der seine dünnen Arme ausbreitete, einen weiten Kreis beschrieb, wenn er sich um die eigene Achse drehte, und ohne Unterlass tanzte. Das Einzige, was ihm seine Grenzen aufzeigte, war die Trommel. Wenn sie innehielt, musste auch er beim letzten
Schlag innehalten, sonst hätten die anderen Tänzer entrüstet aufgeschrien und die älteren Männer ihm vor-
geworfen, er habe ihn verpasst. »Er hat ihn verpasst.
Schade, schade«, würden sie sagen. Mein Bruder war
leicht in Verlegenheit zu bringen und wollte es den Erwachsenen in seiner Umgebung stets recht machen. Er
versuchte, keinen einzigen Trommelschlag zu verpassen. Er bewegte sich in vollkommenem Gleich-
klang mit der Trommel. Er war nur sechs Jahre älter
als ich, aber viel klüger und geschickter.
Der Tanz machte mir keinen Spaß. Mir graute vor der
Hitze und dem Staub bei der Landwirtschaftsausstellung. Trotzdem musste ich mittanzen, ob es mir passte
oder nicht. Auch wenn die Gesänge, nach denen wir
tanzten, keine Bedeutung für mich hatten. Ich wollte
nicht auftreten, wollte nicht mit meinem schweren
Wildlederkleid in der staubigen Hitze tanzen, wollte
nicht dem leisen Schlag der Trommel folgen. Die Trommel versuchte, sich Gehör zu verschaffen, sich gegen
den Lärm des Viehs beim Rodeo durchzusetzen.
Rückblickend weiß ich, was Mom-mah meinte, als sie
zu uns sagte: »*Waci t'aka ye*«, was bedeutet, wachst
über euch selbst hinaus oder lernt zu erdulden oder et-

was auszuhalten. Als Kind war ich bemüht, Torturen zu erdulden, auch wenn ich litt, wie jedes Kind, wenn es zu etwas gezwungen wird.

Ich tanzte mit den Männern und Frauen. Wir wurden in Naturalien für die Darbietung bezahlt, mit Rindfleisch. Wir hatten uns zu einer bestimmten Zeit an einer bestimmten Stelle in der Mitte der Rodeo-Arena einzufinden, wo ich gesehen hatte, wie der Rodeo-Clown zu einem Holzfass lief und hineinsprang. Er lenkte damit den massigen Bullen ab, auf dem die Rodeoreiter so lange wie möglich aufzusitzen versuchten. Wurde der Reiter abgeworfen, rannte der *Heyoka* in die Arena, schwenkte wie wild rote Fähnchen und verschwand in dem Fass, das der wutschnaubende Bulle dann angriff. Wenn ich in solchen Augenblicken in der Arena stand, klein und erhitzt unter der Last meines Kleides, spürte ich die rasende Wut des Bullen. Meine eigene Bedeutungslosigkeit versetzte mich in Wut. Ich bestand nur noch aus Wildlederkleid, Federn und den Insignien meines Volkes und schauderte in der Hitze. Ich schrumpfte unter dem Kleid. Und es gab kein Fass, in das ich mich mit einem Sprung retten konnte.

Ich hörte mit dem Tanzen auf, als mein Wildleder- und Elchzähnekleid bei einem Feuer im Haus verbrannte. Zumindest machte ich Schluss mit den Tänzen, wie sie auf Rummelplätzen und bei Rodeos aufgeführt wurden. Ich tanzte mit meinen Freundinnen und Cousinen bei Sommer-Powwows im Reservat, wo ich mir nicht mehr den Kopf über die Zuschauer zerbrechen musste, weil sie meine Verwandten waren, meine *tiospaye,* meine erweiterte Familie. Wir nennen diese Powwows *wacipi* oder »der Ort, an dem sie tanzten«. Bei diesen Tänzen warfen wir uns lange Stoffschals mit Fransen über den Rücken, über T-Shirts und Jeans. Wir trugen das lange Haar offen auf dem Rücken. Mit ausdruckslosen Gesichtern tanzten wir in Zweierreihen, Seite an Seite mit einer Partnerin. Die älteren Mädchen waren meistens vorn, die jüngeren hinter ihnen. Wir tanzten, während sich die Männer – meine Onkel und Cousins – mit Glocken, Federn und im vollen Ornat in die andere Richtung bewegten. Es hieß, wir hätten beim Tanzen nur eines im Sinn gehabt: Jungen. Wir tanzten mit Unterbrechungen, verbrachten die Zeit bei den Powwows damit, zu beobachten, welche Jungen wo standen und mit welchen Mädchen sie zusammen waren. Wir fühlten uns von den Jungen angezogen wie die Motten von den Lichtern, die am Abend den mit Kiefernnadeln bedeckten Tanzplatz erhellten. Wir waren wie die *wanagi t'a kim mela,* die Schmetterlingsgeister, wie wir die Motten nennen.

Die Tänze an jenen Sommerabenden, wenn die Grillen am ausgetrockneten Bachbett zirpten und die Leuchtkäfer ein Irrlicht wie die *wanagi* oder Wassergeister verbreiten, waren ein natürlicher Bestandteil meines Ich. An jenen kühlen Abenden vermittelte mir der Schal auf den Schultern ein gutes Gefühl, ich tanzte ohne Eile und entspannt, während die Zuschauer auf Klappstühlen rund um den mit Kiefernnadeln bestreuten Tanzplatz saßen.

Ich trug Mokassins und meine Füßen waren leicht auf dem Gras. Ich lauschte den Trommlern, die sich ihrer

Melodie sicher waren. Ich lauschte den Glöckchen, die erklangen, während meine männlichen Verwandten tanzten. Ich sah zu, wie die alten Frauen tanzten, ihre Schals im Rhythmus hin und her schwingend. So tanzte ich in jenen Nächten, wenn der Ausrufer ankündigte: »*Hokahe, hokahe, wacipi yo, wacipi yo, wacipi yo*«, was so viel bedeutet wie »Stärkt eure Herzen, seid stark, tanzt, tanzt, tanzt«.

Tod, erster Teil

Ich erfuhr, dass ich eine kleine Schwester gehabt hatte. Sie sei krank gewesen, sagte meine Mutter. Sie starb vor der Zeit, an die ich mich erinnern kann. Ich weiß nur noch, wie ich später neben der alten Blechtonne weinte, in der meine Mutter die gesamte Habe meiner kleinen Schwester verbrannte. Ich erinnere mich, wie die Flammen über dem Rand der Tonne aufloderten, und an den Geruch von brennendem Plastik. Ich weinte, nicht weil ich eine kleine Schwester vermisste, an die ich mich nicht erinnern konnte, sondern weil meine Mutter alles verbrannte, was ihr gehört hatte. Keine Babyflasche und kein einziger Sauger blieb verschont. Ich weinte, weil ich an den Flaschen und Saugern hing, obwohl ich schon vier war. »Was willst du damit!«, tadelte mich meine Mutter sanft. Ich erinnere mich, dass ich es mir unter dem Bett gemütlich zu machen pflegte mit meinem kostbaren Schatz; die Wange auf den Arm gestützt, nuckelte ich in der Dunkelheit zufrieden an einer Plastikflasche, die mit einer Mischung aus warmem Tee und Zucker gefüllt war. Als meine kleine Schwester starb, nahm sie die Flaschen mit, an denen mein Herz hing, und ich weinte laut und lange.

Ich wuchs mit dem Tod auf, der mich überall umgab. Menschen starben und wir Kinder nahmen am Begräbnis- und Trauerprozess teil. Wir spähten in den Sarg und betrachteten die verstorbenen Verwandten, die sich auf dem Weg der *wanagi* befanden, der in die spirituelle oder Geisterwelt führt. Man erkennt ihn am Nachthimmel, wenn man die Milchstraße sucht und findet. Dieser Weg bringt uns heim in die Welt unserer Ahnen. »Meine Verwandten aus der Geisterwelt waren da, um mich zu sich nach Hause zu holen«, sagte meine Mutter oft. Sie erschienen in ihren Träumen, um sie mitzunehmen, aber sie sagte ihnen stets, ihre Zeit sei noch nicht gekommen, weil sich niemand um ihre Kinder kümmern würde.

Als Kind hatte ich keine Angst vor dem Tod. Das erste Mal wurde ich auf ihn aufmerksam, als meine kleine Schwester starb. Ich sah ihn, als meine Nichte in unserem Haus auf die gleiche Weise starb, überraschend und aus unerklärlichen Gründen. Heute spricht man vom plötzlichen Kindstod. Ich sah ihn mit eigenen Augen in einer Winternacht, als wir, mit meiner Nichte in der Mitte, die damals ein halbes Jahr alt war, liebevoll aneinander gekuschelt schlafen gingen. Am nächsten Morgen hörten wir das qualvolle Weinen der Eltern, die sich über den starren Körper beugten, während wir Kinder rätselten, wer ihren *nagi,* ihren Geist, geholt haben könnte. Das Baby war am Abend vorher noch quicklebendig gewesen. Am nächsten Tag war es tot. Mein Bruder hielt seine Tochter weinend in den Armen, bis jemand ihm den Leichnam behutsam wegnahm. Ich sah seine Tränen und sein Gesicht, die er ihr wie einen Stempel aufgedrückt hatte. Ich erinnerte mich an meine Nichte, wie sie ein paar Wochen vorher gewesen war: Dick und schläfrig hatte sie friedlich ein Nickerchen gemacht. Im Tod sah sie anders aus. Plötzlich entsann ich mich, wie meine Mutter uns eingeschärft hatte, nie einen schlafenden Säugling zu fotografieren. »Ein Foto von einem schlafenden Säugling zu machen bringt Unglück«, sagte sie. Mom-mah war wie alle Lakota der Überzeugung, dass unsere Gedanken den Ausgang jeder Situation beeinflussen können, und das Wort *wakuza*, beeinflussen, besaß große Bedeutung. Es galt, darauf zu achten, dass wir mit unseren Taten oder Gedanken nie einen negativen Einfluss ausübten. Für Mom-mah durfte ein Kind, das heilig war, nicht im Schlaf fotografiert werden. Daran musste ich denken, als ich das Baby betrachtete, das mit einer Haube auf dem Kopf und einer Rassel in der Hand entschlafen war.

Das erste Begräbnis, an das ich mich erinnere, war das meiner älteren Schwester. Mom-mah und mein Großvater Kah-Kah riefen meine Schwester, das älteste Kind meiner Mutter, bei ihrem indianischen Namen *Keg-le*, was Gefleckte Schildkrötenfrau bedeutet. Keg-le, die achtzehn Jahre älter war als ich, mochte ich von meinen Geschwistern am liebsten. Als sie starb, sah ich zu, wie Mom-mah und ihre zumeist weiblichen Verwandten Kleider, Schuhe, Bettzeug, Haarbürsten, Kämme und alles verbrannten, was sie jemals getragen oder berührt hatte. Sie verbrannten sogar ihren Kosmetikkoffer aus blassgrünem Vinyl, auf dessen Innenfutter ein kleiner Spiegel geklebt war. Sie liebte es, in den

Spiegel zu schauen, während sie ihre dunklen Haare auf dünne Lockenwickler drehte. Als der Kosmetikkoffer aus Vinyl verbrannte, roch er so ätzend wie ein alter brennender Autoreifen. Die Frauen stapelten Keg-les Besitztümer auf einer schmalen Lichtung in sicherer Entfernung vom Haus auf, übergossen das Ganze mit Kerosin und zündeten es mit einem Streichholz an. Sie verbrannten alles, was sie besaß, außer ihren Fotografien. Die gaben sie meiner Mutter.

Sie hatte eine Kamera gehabt, eine altmodische Lochkamera mit Sammellinse. Sie fotografierte gerne und forderte die Leute auf zu posieren, während sie durch die Lochblende sah und das Bild auf einen Schwarz-Weiß-Film bannte. Es gab nur wenige Bilder, die sie selbst zeigten. Sie machte viele Fotos von anderen, auch einige von mir, mit gerunzelter Stirn in meinem Wildlederkleid, und von Verwandten, die damals schlanker und jünger aussahen und inzwischen ebenfalls den Weg der *wanagi* gegangen sind. Die Fotos, die sie von anderen gemacht hatte, waren alles, was sie hinterließ. Sie bewahrte sie in einem runden Metallbehältnis auf, einer alten Keksdose, in der sie trocken blieben und nicht zerknitterten. Es war ihr Vermächtnis, das später dem Brand zum Opfer fiel, der Mommahs Haus zerstörte. Alle waren der Überzeugung, dass es besser gewesen wäre, diese Fotos, die von Keg-le stammten, gleich zu verbrennen.

Als ich sah, wie die Frauen in ihren Sachen stöberten, auch solche Frauen, die sie zu Lebzeiten nicht gemocht hatte, hätte ich sie am liebsten mit Gewalt daran gehindert. Keg-le hatte mich geliebt wie ihr eigenes Kind.

Als sie starb, starb auch ein Teil von mir; ich verdrängte ihn, weil ich den Gedanken nicht ertragen konnte, dass sie ein für alle Mal von uns gegangen war. Noch heute macht sich dieser verdrängte Teil meines Selbst bemerkbar: Ich suche unbewusst die Gesellschaft von älteren Frauen, die mich an Keg-le erinnern, in der Hoffnung, die Lücke zu füllen, die sie bei ihrem Tod hinterlassen hat. Ich begleitete sie auf Schritt und Tritt und wir wurden oft für Mutter und Tochter gehalten.

Das waren wir auch, in unseren Augen. Eine Laune der Natur hatte ihr eigene Kinder verwehrt. Ich wurde ihr Ersatzkind. Solche Dinge waren in unserer Kultur erlaubt. Wir hatten Zeremonien für solche Ereignisse. In der alten Zeit hätte Keg-le mich mit Hilfe der *hukalowapi*-Zeremonie zur Tochter nehmen können. Die Missionare, die ins Land kamen, waren gegen diesen Brauch. Das wäre Keg-le und mir allerdings egal gewesen, wenn wir damals gelebt hätten, denn wir hielten insgeheim an unseren Zeremonien fest, auch nachdem sie offiziell verboten waren. Keg-le hätte mich zu ihrer Tochter gemacht und ich hätte ihr als meiner Mutter Respekt erwiesen.

Als ich sah, wie die Frauen, die Keg-le nicht gemocht hatte, nach ihrem Tod ihre Habseligkeiten durchwühlten, schämte ich mich meiner Abneigung, doch das änderte nichts an meinen Gefühlen. Ich beobachtete sie genau, diese Frauen, um zu sehen, ob sie weinen würden, um zu sehen, ob ihre Tränen echt waren. Sie standen stumm da, mit trockenen Augen, und sahen zu, wie Keg-les irdische Habe verbrannte. In der alten Zeit hieß es, wenn ein Mensch starb und die Reise in die

Geisterwelt antrat, war er froh, wenn er Begleitung hatte. Aus diesem Grund wurde manchmal das Pferd oder der Hund eines Mannes getötet und an seiner Seite bestattet. Vielleicht verbrannten sie deshalb Keg-les Sachen, damit ihr Geist alles mit auf die Reise nehmen konnte, was er in dieser Welt besessen hatte. Keg-le ging sorgsam mit ihren Sachen um. Mom-mah sagte, dass Keg-le sie niemandem ausleihen würde, der sie nicht genauso pfleglich behandelte wie sie selbst. »Und was ist mit mir?«, hätte ich am liebsten gefragt. Es war die einzige Frage, die ich hatte. Eine Frage, die niemand beantwortete, weil ich sie nicht laut stellte. Ich konnte meine Trauer nicht zum Ausdruck bringen. Was sollte ich ohne sie anfangen?

Als Kinder mussten wir den Umgang mit dem Tod aus dem Verhalten der Erwachsenen lernen. Wenn jemand in unserer Familie starb, stand meine Mutter im Mittelpunkt der Aufmerksamkeit, weil ihre Trauer Vorrang hatte. Ich ignorierte meine Mutter und die anderen Erwachsenen und trauerte auf meine Weise, die einzige, die ich als Kind kannte: Ich spielte. Keg-les Totenwache dauerte zwei Nächte und am dritten Tag wurde sie bestattet. Ich spielte bei der Totenwache mit den Kindern, die ihre Eltern begleiteten, um der Verstorbenen die letzte Ehre zu erweisen. Ich spielte bis zum Umfallen. Ich spielte Fangen. Ich rannte hinter den anderen her und sie jagten mich, bis ich erschöpft war und mich nicht mehr auf den Beinen halten konnte. Ich stopfte mich mit Kuchen und Sahnetorte voll. Ich aß, wenn die Erwachsenen aßen, und spielte, wenn sie Totenwache hielten. Ich blieb bis in die sinkende

Nacht auf und schlief unter einer Bank neben Keg-les Sarg. Die ganze Zeit machte ich mir schmerzhaft bewusst, dass Keg-le in dem Sarg lag. Sie war mir fremd mit ihrer tadellosen Frisur, dem gestärkten neuen Kleid und der Haut, die aussah, als sei sie gepudert. Ihr starres Gesicht war geschminkt und sie hatten ihr die Brille aufgesetzt, als würde Keg-le sie dort brauchen, wo sie hinging.

»*Wacuze se ce*«, hatte meine Mutter gesagt, als Keg-le mir wenige Monate vor ihrem Tod die Haare abschnitt. »Vielleicht ist das ein Omen.« Ich hatte immer lange Haare gehabt, die Keg-le sorgfältig gewaschen und gekämmt hatte. Sie schnitt mir nur den Pony nach und band den Rest mit einigen langen Haarsträhnen zum Pferdeschwanz, der mir schnurgerade den Rücken hinabfiel. Sie flocht mir jeden Abend aufs Neue die Haare und bearbeitete sie mit einem feinzinkigen Kamm, um zu verhindern, dass sich Läuse und Nissen einnisteten. Sie hasste jede Form von Schmutz. Sie roch nach Sauberkeit, nach Scheuermittel für den Fußboden, Gesichtsreiniger, Shampoo und Lotionen, die sie benutzte, damit meine dünnen Arme und Beine nicht rissig und ungepflegt aussahen. »Warum hast du ihr die Haare geschnitten?«, fragte Mom-mah. Als Keg-le sie dann auch noch mit einer übel riechenden Dauerwellen-Flüssigkeit bestrich, damit sie lockig wurden, war meine Mutter bestürzt. Sie ermahnte sie, sich an den alten Glauben unseres Volkes zu erinnern, dass man Haare nur dann schneidet, wenn jemand, der einem nahe steht, stirbt. Vielleicht hat sie sich auf ihren eigenen Tod vorbereitet, sagte Mom-mah daher, als

Keg-le starb. Sie muss gewusst haben, dass ihr Ende nahte und niemand so für mich sorgen würde wie sie. Deshalb hatte sie mein Haar geschnitten, das Haar, das sie liebte.

Mom-mah hat vermutlich Recht gehabt. Keg-le war dem Tod schon länger nahe gewesen und ich hatte nicht erkannt, was vor meinen Augen geschah, jung wie ich war. Ich erinnere mich an die Ausflüge zur Main Street, die ich mit ihr unternahm. An der Hauptstraße, die zwei Blocks lang war, gab es drei Läden, die Alkohol verkauften. Außerdem gab es dort zwei Drugstores, einen Billigladen, in dem Ramsch aller Art feilgeboten wurde, zwei Kleidergeschäfte, einen Eisenwarenladen, einen Chevrolet-Händler nebst Autowerkstatt, einen Lebensmittelladen, drei Restaurants, einen Frisör, einen Friedensrichter, einen Getreide- und Futtermittelladen, eine Bäckerei, einen Landmaschinen-Händler und ein Kino. Keg-le war Stammkundin in dem Spirituosenladen direkt neben dem Chevrolet-Händler. Wir betraten den Laden, der immer düster wirkte, ganz egal zu welcher Tageszeit, und verließen ihn, sobald sie ihre kleine Flasche Branntwein gekauft hatte. Sie trug ihn in einer braunen Papiertüte unter dem Mantel nach Hause. *M'nisa,* rotes Wasser oder Feuerwasser. In der alten Zeit sprach man manchmal vom göttlichen oder geheimnisvollen Wasser. Keg-le trank es, sooft es ging. Ich hatte gesehen, wie sie einen Schluck aus der Flasche nahm, die sie in den kleinen Papiertüten verbarg. Sie verzog dabei das Gesicht, als hätte sie Schmerzen. Ihre Kehle schien sich zu verengen und dann behielt sie den Branntwein einen Moment lang im Mund, bevor sie schluckte. Ich hatte andere gesehen, die das Gleiche taten, als ob die Speiseröhre das Feuerwasser verschmähte und es großer Anstrengung bedurfte, es hinunterzuzwingen.

Ich hatte Keg-le mit ihren Freundinnen, die sich gerne von ihr zu einer billigen Flasche Wein einladen ließen, am Viehhof in der Hocke trinken sehen. Sie hockten sich auf die Fersen und steckten die Köpfe zusammen, um verstohlen einen Schluck zu nehmen, für den Fall, dass ein Streifenwagen vorbeifuhr. Der Polizist kannte alle beim Vornamen, sogar die Blauäugige, die von ihrem Vater nicht anerkannt worden war; sie lebte unter uns und sprach nur unsere Sprache, hatte nie Englisch lesen oder schreiben gelernt. Sie ließen die kleine Papiertüte kreisen, tranken aus der Flasche, nachdem sie den Hals mit den Ärmeln abgewischt hatten, und ihre erhitzten Gesichter glühten zeitweilig. Zu Keg-les Freundinnen gehörten Frauen, die manchmal auf den Eisenbahngeleisen hinfielen und, betäubt vom Alkohol, liegen blieben. »O t'e«, sagten wir, wie tot. Die Frauen lagen reglos da, als seien sie tot, vielleicht sehnten sie sich nach einer Verschnaufpause, einem kurzen Moment der Stille, in der sie die Wirklichkeit vergessen konnten und das, was aus ihnen geworden war. Wenn sie nicht tranken, waren sie *nacaca,* ihre Hände zitterten wie trockenes Geäst im Wind, und sie bibberten, bis sie in der Lage waren, sich neues Feuerwasser zu beschaffen.

Ich erinnere mich an die beiden Schwestern, die Keg-les liebste Trinkgefährtinnen waren. Sie lachten gerne und sie lagen stundenlang im Gras des Stadtparks und unterhielten sich miteinander. Die drei pflegten sich im Park zu treffen. Manchmal leerten sie gemeinsam eine Flasche Wein, während ich mit der Tochter von Keg-les Freundin spielte. Die beiden Schwestern waren früher vermutlich sehr hübsch gewesen, wenn sie dann jedoch im Park in der Sonne lagen, sahen sie düster und abgezehrt aus. Sie hatten eine Vorliebe für Zitronen, die sie mit Salz bestreut aßen, wobei sie die Schale mit den Zähnen abschälten. Ich vergnügte mich in der Zwischenzeit auf der Wippe und auf dem Karussell mit dem kleinen Mädchen, dessen Mutter noch vor Keg-le starb. Sie war meine liebste Spielgefährtin. Sie lachte genauso gerne wie ich über alles und jeden. Eines Tages beschlossen Keg-le und ihre Freundin, uns für Ostern neu einzukleiden. Die beiden betrunkenen Frauen gingen mit uns zur Main Street und kauften uns die gleichen lavendelfarbenen Kleider, für mich eine Nummer größer, weil ich größer war als meine Freundin. Ich weiß noch, wie ich mich freute, das Kleid anzuziehen und meiner Freundin einen Tag lang aufs Haar zu gleichen, wie Zwillinge.

Auf dem Heimweg bewunderten meine Freundin und ich die gelben Narzissen und Butterblumen, die vor Ostern aufgeblüht waren, und schmiedeten Pläne, zur Ostereiersuche in den Park zu gehen. Keg-le und ihre Freundinnen torkelten an den Eisenbahngeleisen vorbei, gingen hinter uns, als wir in unseren neuen Kleidern den Weg entlanghüpften. Sie bemühten sich, einen nüchternen Eindruck zu machen. »Lasst euch nicht anmerken, dass ihr betrunken seid«, ermahnte Keg-le ihre Freundinnen. Kaum hatten meine Freundin und ich die Geleise überquert, stolperte eine von ihnen und fiel auf die Schienen. Wir liefen zurück, um ihr aufzuhelfen; ihre kleine Tochter packte sie an einem Ellbogen und ihre Schwester am anderen. Keg-le und ich schoben von hinten an, versuchten, sie auf die Füße zu stellen. Ich erinnere mich, wie ich kicherte und meine Freundin anblickte, ob sie das Ganze auch so lustig fand. Ich sah, wie sie mit den Tränen kämpfte und plötzlich tat sie mir Leid. Ihre Mutter lehnte sich an sie, beschmutzte ihr neues Kleid.

Sie starben alle, eine nach der anderen: Keg-les Freundinnen, die beiden Schwestern und die anderen. Ich sah meine kleine Freundin nicht wieder, bis wir ins Reservat zogen, wo sie bei ihrer Großmutter lebte. Sie hatte mich vergessen, aber ich werde ihre Mutter, ihre Tante und Keg-le nie vergessen. Sie starben an dem Alkohol, den sie jeden Tag wie Wasser tranken. Ich erinnere mich, irgendwo gehört zu haben, dass der Mensch von Brot und Wein lebt. Dieser Ausspruch traf auf Keg-les Freundinnen zu, die mehr für den *m'nisa* als für andere Dinge lebten. Es war nicht verwunderlich, dass die Frauen, die am Viehhof miteinander tranken, eine Gedenkfeier für ihre verstorbenen Freundinnen oder Verwandten abhielten, als die Gruppe immer kleiner wurde. Sie nahmen ihre billige Flasche Wein und gossen für jede Person, die gestorben war, einen Tropfen auf die Erde. Es war eine großherzige Geste, einen Teil ihres geliebten Weines dem Wind zu opfern. In der alten Zeit glaubte man, der *nagi*, der Geist, der sich noch in der Nähe aufhält, würde diese Großmut zu schätzen wissen. Das Ritual wurde vermutlich auch für Keg-le abgehalten, die fern von zu Hause starb, fern von ihren Freundinnen, fern von den drei Spirituosengeschäften an der Main Street und fern von mir.

Für Mom-mah war die Geisterwelt ein Ort, an dem sich alle unsere Ahnen befanden, ein Ort, an dem sie mit frohem Herzen lebten. Sie sagte: »Wenn jemand betrunken stirbt, wird er nie den Weg in die Geisterwelt finden.« Ich erinnere mich an das kleine Flugzeug, das Keg-le nach Hause brachte, aus Omaha, wo sie gestorben war. Ich sah, wie es auf der schmalen Rollbahn landete und nahe der Stelle hielt, wo Mom-mah und ich mit unseren Verwandten standen. Wir hatten den ganzen Morgen auf die kleine Maschine gewartet, waren zwischen Rollfeld und Hangar, wo unser Wagen parkte, ruhelos hin und her gelaufen. Wir warteten, bis jemand sagte, »*Wana ku welo*«, da kommt er ja, als wäre das Flugzeug ein Mensch auf dem Weg zu der Stelle, an der wir standen und auf Keg-les Leiche warteten. In der alten Zeit hätte sich der Ausdruck auf einen Kundschafter bezogen, der wichtige Nachrichten brachte. Für mich brachte das Flugzeug die Bestätigung der Nachricht, dass Keg-le wirklich gestorben war. In der Allgegenwart des Todes konnte oder wollte ich als Kind manchmal nicht glauben, dass jemand gestorben war, bis ich seine Leiche im Sarg vor mir sah.

Sie hoben Keg-le auf einer Trage aus dem Flugzeug. Sie war von Kopf bis Fuß in ein weißes Laken gehüllt. Man sah nicht das Geringste von ihr. Sie schoben sie in die geöffnete Heckklappe eines langen schwarzen Wagens; er gehörte dem Bestattungsunternehmer, der sie für das Begräbnis herrichten sollte. Wir folgten ihm durch die ganze Stadt und sahen ihm nach, als er zur nächsten Ortschaft weiterfuhr, wo sich die Leichenhalle befand. Ich erinnere mich an den Tag, als meine Mutter benachrichtigt worden war, in den Eisenwarenladen an der Main Street zu kommen, wo sie Anrufe entgegennahm. Das Krankenhaus in Omaha teilte ihr als nächster Anverwandter mit, dass ihre Tochter gestorben war. Ihre Leber hatte nicht mehr funktioniert. Es war nichts mehr zu machen gewesen. Ich erinnere mich, wie meine Mutter am Küchentisch saß, stumm, wie betäubt. Schließlich rief sie: »Tochter, wo bist du?«, und begann zu weinen.

Ich war froh, dass Keg-le zum Zeitpunkt ihres Todes nicht betrunken gewesen war. Sie starb in einem Krankenhaus irgendwo in Omaha, sagte meine Mutter. Hätte sie getrunken, wäre ihr *nagi* dazu verdammt, bis in alle Ewigkeit ruhelos über die Erde zu wandern, wie *Wam.niom.ni*, die verlorene Seele, der ungeborene Sohn der Doppelten Frau, der in einen kleinen Windstoß verwandelt worden war. Er weht den Menschen Sand in die Augen, in der Hoffnung, Aufmerksamkeit und Mitleid zu erregen. Vielleicht sind sie dann eher geneigt, eine Flasche Feuerwasser zu nehmen und zu seinem Gedenken einen Tropfen auf die Erde zu gießen.

Tod, zweiter Teil

Alles, was ich damals über den Tod wusste, stammte von meinem Großvater Kah-Kah und meiner Mutter *Ina*, die ich Mom-mah nannte. Sie erzählten meinen Brüdern und mir von *nagi,* dem Geist oder der Seele der Verstorbenen. Früher, in der Zeit, bevor unsere alten Rituale verboten wurden, war es üblich, eine Zeremonie zum Bewahren der Seele abzuhalten, wenn jemand starb. Dabei erbot sich jemand, der dem Toten nahe gestanden hatte, seinen Geist einen Winter lang bei sich zu behalten und gut auf ihn aufzupassen. Als solche Zeremonien unter Androhung von Strafe untersagt wurden, führten wir sie heimlich unter einem anderen Namen durch. In meiner Kindheit gab es »Totengedenkfeiern«, bei denen die Trauergäste beschenkt wurden; in Wirklichkeit handelt es sich bei diesen Feiern um einen uralten Brauch, eine Seele-Bewahren-Zeremonie in abgewandelter Form. Sie beinhaltete alle rituellen Elemente, die erforderlich waren, außer dem Teil, der den Christen ein Dorn im Auge war.

Ich hatte Angst vor den *wanagi,* den Geistern, die uns umgaben und die ich für Gespenster hielt, aber Kah-Kah erklärte mir, es gäbe keinen Grund, sich zu fürchten, weil ich einen *nagi,* einen Schutzgeist besäße. Alles, was einmal gelebt habe oder Teil des Lebens gewesen sei, sei von einem Geist beseelt, einem Teil des Göttlichen oder *wak'a*; deshalb müsse man allem, was ist, mit Achtung und Ehrfurcht begegnen, denn es sei heilig. Mir graute schon, wenn jemand das Wort *wanagi* aussprach, denn mein älterer Bruder hatte einmal einen gesehen und mir davon erzählt. Eines Abends hatte es an der Haustür geklopft, und als er sie aufmachte, war niemand da, außer einem *wanagi.* Er bekam einen solchen Schreck, dass sein rechtes Augenlid zu zucken begann, als würde er allen Leuten fortwährend zuzwinkern. Eines Tages verschwand das Zucken ganz von allein. Ich hatte Angst und dachte, ich sei die Nächste. Deshalb machte ich nie auf, wenn es klopfte und ich allein im Haus war. Ich verkroch mich unter dem Bett, in der Dunkelheit, was mir immer noch lieber war, als Gefahr zu laufen, einem Unsichtbaren zu begegnen.

Kah-Kah nannte den Geist von Tieren *wamak'a nagi.* Als Kind fürchtete ich mich auch vor ihnen; damals war für mich alles geheimnisvoll und göttlich. Einmal entdeckte ich eine tote Katze auf einem Baum am Stadtrand, eine von den rostroten, die man in unserer Gegend häufig findet. Als ich den Körper, der sich bereits zu zersetzen begann, zwischen den Zweigen im Wipfel eingeklemmt sah, gruselte es mich. Kah-Kah sagte, jeder Mensch fürchte sich vor rostroten Katzen, ganz gleich ob tot oder lebendig. Die *igmu* oder Katze gehört zu den Lebewesen, die nicht gegessen werden. Wenn sie stirbt, hält man sich von ihr fern, denn wer sie berührt, wird lahm oder auf andere Weise zum Krüppel.

Mom-mah sagte, wenn ein Mensch stirbt, wie meine älteste Schwester Keg-le, sei ihr Geist noch eine Weile in der Nähe. Deshalb mussten wir während der Zeit, in der die Totenwache und das Begräbnis stattfanden, unsere Worte und Taten sorgfältig abwägen. Mom-mah meinte, so wie wir uns in dieser Zeit verhielten, gut oder böse, würden wir bleiben. Ich bemühte mich sehr, folgsam zu sein. Ich wollte, dass die Leute während der Totenwache und dem Begräbnis von mir sagten: »So ein braves Mädchen!«, manchmal vergaß ich jedoch meinen Vorsatz und spielte zu viel, statt zu helfen. Ich wollte lieber Freundschaften knüpfen, mich mit Süßigkeiten voll stopfen und sie mit meinen neuen Freunden teilen. Darüber vergaß ich meine Mutter und ihre Mahnung, obwohl ich wusste, dass sie Recht hatte, wie immer. »Ich weiß, dass es so ist«, pflegte sie zu sagen. Mom-mah muss auch in diesem Punkt Recht gehabt haben. In der Zeit, als Keg-les Totenwache und Begräbnis stattfanden, wurde ich der Mensch, der ich heute bin: Ich versuche immer noch, Freunde zu gewinnen, die ich nie hatte. Ich esse immer noch für mein Leben gern Süßigkeiten und ich vergesse bisweilen auch heute noch, dass Mom-mah nicht der gute Geist ist, an den ich mich erinnern möchte, sondern ein Mensch aus Fleisch und Blut, der wie jeder andere fähig war, selbstsüchtig zu sein und Fehler zu begehen.

Sie verdrängte ihren Schmerz, als Keg-le starb, und stürzte sich in die Vorbereitungen für die Totenwache und das Begräbnis. Sie kehrte den Scherbenhaufen zusammen, den der Tod hinterlassen hatte, und lenkte sich ab, indem sie sich um praktische Dinge kümmerte. Sie fuhr zu einer Tierverwertungsfabrik in der Nähe und kaufte eine ganze Kuh, frisch geschlachtet und nicht ausgeweidet, um die Leute zu verköstigen, die zur Totenwache und Beisetzung erwartet wurden. Die Kuh wurde gebracht und draußen neben der Wasserpumpe abgeladen, wo wir unser Trinkwasser holten. Meine Mutter und ihre Freundinnen und Verwandten wuschen das frisch geschlachtete Tier unter fließendem Wasser gründlich ab und weichten es ein. Sie holten ihre großen Küchenmesser und machten sich an die Arbeit, während sie die Klingen immer wieder an einem Wetzstein schärften. Die Frauen umringten den Rumpf und fingen an, ihn zu zerlegen, von außen nach innen, in der Nähe des Magens beginnend. Die Haut wurde in einer geraden Linie aufgeschlitzt und rollte zurück. Ihre Messer gingen flink zu Werk. Eine Frau raffte die Haut mit der Hand zusammen wie die Falten einer Decke. In der anderen Hand befand sich das Messer, mit dem sie das Tier häutete, vom Magen nach außen – wie leicht das bei ihr aussah, als sie dort in der Sonne stand, mit blitzendem Messer und Schweißperlen auf der Stirn.

Ich erinnere mich an eine Vision, die ich einmal inmitten eines schlimmen Unwetters hatte. Das Krachen der Donnerschläge war so laut, wie ich es noch nie gehört hatte. In meiner Vision sah ich Lakota-Frauen laufen, in ihren traditionellen Wildlederkleidern, mit perlenbesetzten Messerscheiden am Gürtel. Sie rannten, wie nur Frauen rennen können, deren Beine von ihren langen Kleidern behindert werden. Sie stürzten sich auf einen erlegten Büffelbullen, der verwundet, aber noch nicht verendet war. Sie rissen gleichzeitig ihre Messer aus der Scheide und häuteten das Tier in Windeseile. Der Bulle brüllte die ganze Zeit, wutschnaubend und wild. Das Brüllen wurde eins mit dem Grollen des Donners, der über ihren Köpfen zerbarst, und ihre Messer wurden eins mit den Blitzen, die am Himmel zuckten. In meiner Vision sah ich die Frauen inmitten des Unwetters, mit Schweißperlen auf der Stirn und blitzenden Messern, die Gesichter angespannt auf das erlegte Wild gerichtet.

Genauso war es, als Mom-mah und die Frauen die Kuh ausweideten, mit sirrenden Messern. Dumpf wie das Grollen des Donners klangen die Äxte, mit denen sie die Knochen zerbrachen, um an das süßliche weiße Mark im Innern heranzukommen. Einige Frauen schnitten tief in das Innere der Kuh, *t'aniga* genannt, um Darm, Herz, Leber, Niere und Magenschleimhaut freizulegen. Die Niere war eine besondere Delikatesse, die gewaschen und roh, mit Salz bestreut, gegessen wird. Sie wird in mundgerechte Stücke geschnitten und macht die Runde, damit jede Frau etwas abbekommt. Ein Stück vom Fett, das die Niere einbettet, wird ebenfalls in Scheiben geschnitten und herumgereicht. Alle bedienen sich an beidem und lassen den köstlichen Geschmack der rohen, frischen Niere auf der Zunge zergehen. Mom-mah hat mir eingeschärft, niemals Essen auszuschlagen, das mir angeboten wird. »Sie könnten sonst denken, dass du eingebildet bist und dich für etwas Besseres hältst.« Deshalb nahm ich dankend an.

Ich habe alles Mögliche probiert, einschließlich der Innereien, wenn sie gewaschen und zu einer grau aussehenden Suppe verarbeitet werden.

Die Frauen schafften Blechwannen und Eimer herbei. In diesen Behältnissen werden die *t'asupa*, die Därme, gewässert, die gebraten oder gekocht köstlich schmecken. Die Frauen arbeiteten lange und hart, verwerteten jeden Teil der Kuh, um daraus etwas Essbares oder Brauchbares herzustellen, wie in der alten Zeit, als die Büffeljagd noch der Mittelpunkt unseres Lebens war. Für meine Mutter sind alle Innereien eine Delikatesse. Sie kauft nur zu besonderen Anlässen eine ganze Kuh oder Innereien in der Tierverwertungsfabrik.

Eine der älteren Frauen sagte zu meiner Mutter, dass beim Schlachten alles wieder so scheint, wie es früher einmal war. Meine Mutter nickte. In der alten Zeit, als der Büffel noch Mittelpunkt unserer Welt war, drehte sich unser Leben um solche Rituale. Der *t'at'aka*, das große, heilige Tier. Der Büffel wurde damals als Geschenk von *T'ukasila* betrachtet und man verwertete ihn mit Haut und Haaren, nichts wurde verschwendet.

Die Frauen arbeiteten Seite an Seite, bis alles in kaltem Wasser eingeweicht oder in faustgroße Stücke geschnitten ist. Daraus wurden Schmorgerichte zubereitet, um die Leute zu bewirten. Die Schmorgerichte enthalten Fleisch, Kartoffeln, Kohl, Karotten und Sellerie. In der alten Zeit bestand es aus Büffelfleisch, in faustgroße Stücke geschnitten, und wild wachsenden Rüben. Ich mag keine Rüben, Kartoffeln und Kohl schmecken mir. Mom-mah ermunterte die Frauen, einen Teil der übrig gebliebenen *t'aniga* mit nach Hause zu nehmen, und sie füllten leere Kaffeedosen mit den grau aussehenden Klumpen, einschließlich Innereien und Magenschleimhäute. Die Hunde waren die letzten Nutznießer des Schlachtfests: Sie bekamen zugeworfen, was übrig blieb, ein paar große Knochen, an denen noch Fleischfetzen hängen. Sie kämpfen um die Beute und verschwinden damit im Schatten. Alle sind zufrieden, als es schließlich vorbei ist. Mom-mah dachte an die Einzelheiten der letzten Zeremonie, an den traditionellen *wica wota,* das Festmahl, das im Anschluss an das Begräbnis stattfindet und auf das die größte Fleischmenge entfällt. Ungefähr ein Drittel wandert in große Kochtöpfe, um die Besucher zu verköstigen, die Totenwache halten. Einige Fleischbrocken werden in hauchdünne Scheiben geschnitten, getrocknet, im Mörser zerstoßen und mit Knochenmark vermischt; daraus bereitet man *wangi woyute* zu, Geisternahrung, die der toten Seele als Wegzehrung für die Heimreise mitgegeben wird.

Keg-les Begräbnis ist mir als ein Ereignis im Gedächtnis geblieben, bei dem sich alles um die Nahrung, ihre Zubereitung und ihren Verzehr drehte. Es wäre ein wunderbares Fest gewesen, wenn Keg-le mit eigenen Augen gesehen hätte, was man ihr zu Ehren tat, und gehört hätte, wie viel Gutes man sich über sie erzählte. Manchmal dachte ich, sie müsse jeden Moment neben Mom-mah oder mir auftauchen, doch sie kam nicht. Sie konnte nicht kommen. Ihre sterblichen Überreste lagen in der Mitte des Raumes in einem Sarg, eingerahmt von Plastikgirlanden, Blumen und den traditio-

nellen Quilts mit Sternenmuster. Decken mit Sternen-
und anderen geometrischen Mustern, handgesteppt
aus bunten Flicken, waren über den Sarg, die Tische
und die Bänke gebreitet, auf denen sich die Blumen befanden. Neben den Blumen standen Schalen mit Konfekt und Zigaretten; sie wurden nachts an die Leute
verteilt, die Totenwache hielten. Zigaretten und hartes
Konfekt wurden, wie die deftigen Mahlzeiten aus der
geschlachteten Kuh, für alle bereitgestellt, die an der
Totenwache und am Begräbnis teilnahmen.

Mom-mah vergewisserte sich, dass alles seine Richtig-
keit hatte: wenn Anweisungen oder ein Rat gebraucht
wurden, wohin zum Beispiel die mitgebrachten Gir-
landen, Blumen und Speisen gehörten, wendete man
sich an sie. Eine nahe Verwandte flüsterte ihr ständig
ins Ohr, wer was zum *wihpeya* mitgebracht hatte. Das
rituelle Schenkungsfest findet nach dem Begräbnis und
Leichenschmaus statt und die Zeremonie wird, wie alle
anderen wichtigen Dinge des Lebens, in einem weitläufigen Kreis vollzogen. Die kostbaren Geschenke
werden im Kreis ausgebreitet, für jedermann sichtbar.
Als die Zwangsumsiedlung der Lakota in Reservate
begann, sperrten sie Angehörige meines Volkes ins Gefängnis, wenn sie ein *wihpeya* für einen toten Verwandten abhielten. Das Ritual verstoße gegen das Gesetz, hieß es. Erst als wir es abgewandelt und Priester
der christlichen Kirchen dazu eingeladen hatten, durften wir es wieder bei einem Begräbnis abhalten.

Der Priester, der die Totengebete sprach, erhielt eine
Truhe. Die Großmutter, die während der gesamten
Totenwache unermüdlich neben dem Leichnam ausge-

harrt hatte, erhielt einen schönen handgearbeiteten Quilt. Der Mann, dem die Ankündigungen bei der Totenwache und Beisetzung oblagen, erhielt eine Sternendecke. Die Frau, die das Kochen besorgt hatte, erhielt einen Stoff von fünf Meter Länge und eine Decke. Ein Karton mit kleinen Aufmerksamkeiten, zum Beispiel Badetücher, Geschirrtücher und Schürzen, wurde an die Leute verteilt, die zum Begräbnis gekommen waren und im Kreis saßen. Alles geschah so, wie Mom-mah es gewünscht hatte. Niemand wurde vergessen. Je mehr man verschenkt, desto größer die Ehre, die man dem Verstorbenen erweist. Sogar das, was vom Essen übrig geblieben ist, ganze Kuchen und Torten, gibt man den Familien mit, die zum Begräbnis gekommen sind. Sie nehmen die *wata'ca,* die Reste des Festmahls, mit nach Hause. Je großzügiger die Angehörigen sind, desto besser ergeht es ihnen letztendlich im Leben.

Mom-mah ist ein großzügiger Mensch. Ich habe es mir auch angewöhnt, doch sie ist manchmal unzufrieden mit mir und schilt mich, meine Großzügigkeit sei wankelmütig und unüberlegt. Ich weiß, dass Keg-le, deren Geist während der Totenwache und Beisetzung über uns schwebte, zufrieden gewesen wäre mit Mom-mah und der überwältigenden Großzügigkeit, mit der sie ihr zu Ehren alle Teilnehmer bedachte.

Als endlich Suppe, Pfannenbrot, Kuchen, Torten, Salzgebäck, *wozapi,* ein gekochter Beerenpudding, und Kannen mit heißem gezuckertem Tee und Kaffee verzehrt oder verschenkt worden waren, als die letzte Person ihr Badelaken erhalten hatte und als alle Trauergäste ihre Sachen einpackten, das mitgebrachte Geschirr und Besteck eingeschlossen – da schien meiner Mutter Keg-les Tod als Realität bewusst zu werden. Erst in dem Augenblick, als der letzte Trauergast ihr die Hand gedrückt, Essen und Geschenke in den Wagen geladen und sich auf den Heimweg gemacht hatte, erst da begann Mom-mah, nach innen zu gehen. Stumm saß sie in ihrem schwarzen Kleid, dem schwarzen Schultertuch und der schwarzen Strickjacke da, ihr Gesicht von der Erschöpfung gezeichnet. Mit gesenktem Kopf, die Hände im Schoß verschränkt, ließ sie ihren Tränen freien Lauf. Ich stand neben ihr, rubbelte ihr den Rücken, so wie sie es bei mir gemacht hatte, wenn ich krank gewesen war. »Dann wird es gleich besser«, hatte sie immer gesagt. Während ich ihr über den Rücken strich, rutschte die Strickjacke hin und her. Unter meiner Hand spürte ich die raue Wolle der Strickjacke und darunter das Baumwollkleid. Ich rubbelte und rubbelte, während ich versuchte, die Kälte zu vertreiben, die in meinem eigenen Körper hochkroch: das Gefühl eisiger Kälte und sengender Hitze, ein Schaudern, das mit Angst oder Erkenntnis einhergeht.

Auferstehung

Ich erinnere mich an das Osterfest, als ich ein lavendel-farbenes Kleid mit weißen Lederschuhen und Söck-chen trug. Ich versteckte meine Storchenbeine mit den dunklen, knubbeligen Knien unter dem Saum meines Kleides. Es war das Osterfest, als meine Mutter mir er-öffnete, dass ich im Niobrara getauft werden sollte. Der Niobrara fließt, aus Wyoming kommend, von Westen nach Osten durch Nebraska; er mündet in den Missouri. Er ist ein kleiner Fluss, in dem wir an heißen Sommertagen badeten. Meine Mutter hatte Priester gebeten, die Taufe zu vollziehen; sie war einige Jahre zuvor zum christlichen Glauben übergetreten, zur glei-chen Zeit, als sie mit dem Trinken aufgehört hatte.

Meine Mutter war viele Jahre lang alkoholabhängig gewesen. Eines Tages nahm meine älteste Schwester Keg-le sie zu einem Gottesdienst in die Kirche der Er-weckungsbewegung mit. Mom-mah fiel auf die Knie, und als die Gläubigen für sie beteten, begann sie, in fremden Zungen zu reden. Sie sagte Worte in einer Sprache, die sie nicht beherrschte, doch als ihr der Prediger das Mikrofon an die Lippen hielt, hörte die Gemeinde sie sagen: »Da Gott die Welt so liebte, dass er seinen einzigen Sohn für sie hingab, sollen alle, die an ihn glauben, nicht sterben, sondern das ewige Leben erhalten. So spricht der Herr. So spricht der Herr. So spricht der Herr.« Sie wiederholte den letzten Satz so lange, bis sie erschöpft zu Boden sank. Der Prediger geleitete sie zu ihrer Bank. Dann erhob sie sich und sagte, dass sie nie mehr einen Tropfen Alkohol anrühren wolle. Sie hielt ihr Gelöbnis und wandte sich der christlichen Kirche zu, die sie errettet hatte.

Es hieß, als sie auf die Knie fiel, sei sie vom Heiligen Geist erleuchtet worden und in der Lage gewesen, einen Bibelvers zu zitieren, den sie nie gehört hatte. Sie hatte das Christentum, wie es in der katholischen Elementarschule gelehrt wurde, nie angenommen. Sie war nur kurze Zeit dort gewesen, bevor ihre Eltern das Reservat verließen, um als Erntehelfer von Ort zu Ort zu ziehen. Sie kannte und vertraute allein der Religion ihrer Eltern, doch als sie ihre Mutter bei einer Peyote-Zeremonie der Native American Church[1] verlor, verlor sie auch ihren Glauben. Mom-mahs Großmutter war Diabetikerin und ins Koma gefallen, doch das wussten die Teilnehmer an der Zeremonie nicht. Sie starb am darauffolgenden Morgen. Mom-mah hatte keinen Glauben, der sie getröstet hätte in ihrem Schmerz.

In den Jahren nach ihrer wundersamen Heilung vom Alkoholismus wurden wir alle zum Christentum bekehrt. Mein älterer Bruder blieb als Einziger verschont,

---

[1] Im Mittelpunkt der Native American Church und ihrer Anhänger steht der Gemeinschaftsgenuss des Rauschmittels Peyotl, das sakramentalen Charakter hat und Trancezustände hervorruft.

weil er bereits eine katholische Elementarschule besuchte. Mein jüngerer Bruder, meine älteren Schwestern und ich wurden christlich getauft. Die beiden
Männer, die mich tauften, gehörten zu den Kirchen-
ältesten. Sie führten mich langsam in den Niobrara,
der zugefroren war und gerade zu schmelzen begann.
Mom-mah und die anderen standen am Ufer. Die Kinder liefen fast ins Wasser, während sie sich zusammen-
drängten, um besser sehen zu können. Eine Gruppe
hoch gewachsener Lakota-Männer hatte sich in der
Nähe der Stelle eingefunden, an der sich die Täuflinge
versammelt hatten.
Als ich an die Reihe kam, trat ich vor und watete mit
meinem Osterkleid schwerfällig ins Wasser. Ich spürte
die Strömung ringsum und die Hände der beiden
Männer, die mich an den Ellbogen festhielten. »Kleine
Schwester, wir taufen dich im Namen des Herrn«, sag-
ten sie und tauchten mich rücklings in die eisigen Flu-
ten. Die Haare klebten wirr auf meiner Stirn und mein
Kleid hatte nasse Flecken, als ich aus dem Wasser
stieg. Dann legten mir die Männer die Hände auf den
Kopf und beteten. Ich hörte ständig die Worte »Jesus,
Jesus, Jesus, Jesus«. Am Flussufer riefen Mom-mah
und die anderen immer wieder: »Gelobt sei der
Herr.«
Wir verließen den Niobrara-Fluss und kehrten in das
Wohnzimmer eines Gemeindemitglieds zurück, das als
Bethaus diente. Wir hatten kein eigenes Kirchenge-
bäude, in dem die Gottesdienste abgehalten wurden.
Wir beteten überall dort, wo uns jemand Räumlich-
keiten zur Verfügung stellte. Oft fuhren wir meilen-

weit zu den Erweckungsversammlungen, die in Privat-
unterkünften stattfanden. Manchmal nahmen wir ein
Zelt mit und übernachteten im Freien oder wir schliefen im Wagen. Nach der Taufe wurde eine Messe gehalten, bei der man für mich betete. Man bat den
Heiligen Geist, mich zu erleuchten und mir die Gabe
zu verleihen, in fremden Zungen zu reden oder entrückt zu tanzen.

Während des Gottesdienstes musste ich auf einem
Stuhl in der Mitte des Raumes Platz nehmen. Die
Prediger beteten für mich. Auch einige Frauen hatten
mir ihre warmen Hände auf den Kopf gelegt. Sie nannten mich kleine Schwester, beteten mit Inbrunst für
mein Seelenheil und riefen fortwährend »Jesus, Jesus,
Jesus«. Ich saß in der Mitte des Kreises auf einem
schmalen, wackeligen Stuhl, die Füße fest auf den
knarzenden Dielenboden gestemmt. Ich sollte so lange
Gloria, Gloria, Gloria rufen, bis der Heilige Geist über
mich kommen und mir die Gabe verleihen würde, in
fremden Zungen zu reden. Ich wiederholte das Wort,
bis ich mich verhaspelte. Irgendjemand hielt das Mikrofon an meine Lippen, doch alles, was die Gemeindemitglieder zu hören bekamen, war eine leise, erschöpfte
Stimme, die unverkennbar »Glori-aaa, Glo-ri-aaa,
Glori-aaa« sagte.

Ich war enttäuscht und stand vor einem Rätsel. Warum konnte ich nicht wie Mom-mah in fremden Zungen reden? Heute weiß ich es. Es war mir auch damals
bewusst, aber ich konnte mich nicht dagegen wehren:
Ich dachte zu viel nach. Ich dachte daran, dass ich die
betenden Hände auf meinem Kopf als bedrückend

empfunden hatte, ich dachte daran, mit welcher Überzeugung »Jesus« angerufen worden war und dass ich
alles wie ein kleiner Schwamm aufgesaugt hatte, aber
nicht die nötige Standfestigkeit besaß. Ich konnte
nicht loslassen und zulassen, was immer auf mich zukommen mochte. Ich dachte daran, wie der Heilige
Geist wohl aussehen mochte, mit einer Mischung aus
Angst und freudiger Erwartung. Ich war bereit, aber
nicht fügsam. Ich war in meinem ganzen Leben nie fügsam gewesen. Ich wollte genau wissen, was geschah,
wenn der Heilige Geist über mich kam und mich er-
leuchtete.

Ich lernte nicht, in fremden Zungen zu reden, und ich
lernte nicht, entrückt zu tanzen, wie Mom-mah und
die anderen. Wo immer der Gottesdienst auch abgehalten wurde, räumte man die Möbel aus dem Raum.
An den Wänden wurden Bänke für die Gläubigen aufgestellt. An einer ausgewählten Stelle befanden sich ein
Verstärker, ein Mikrofon und eine elektrische Gitarre,
als Ersatz für die Kirchenorgel. Es gab keinen starren
Ablauf wie beim Gottesdienst, nur bestimmte Elemente, die mit schöner Regelmäßigkeit wiederkehrten. Die
Gemeindemitglieder legten meistens Zeugnis von den
guten Dingen ab, die ihnen seit der letzten Zusammen-
kunft widerfahren waren. Irgendwann knieten alle
nieder und der Prediger legte ihnen die Hände auf, um
für sie zu beten. Manchmal trieben sie Teufel oder
Dämonen aus, wenn jemand darum bat. Ich sah eine
Frau, die von einem Dämon besessen war. Während er
stockend aus ihrem Mund redete, hielten sie ihr ein
Mikrofon an die Lippen. Als sie schließlich erbrach,

fuhr der Dämon aus ihrem Körper aus und sie war wieder die Alte. Ich erinnere mich, dass der Teufel bei den Worten »Jesus, Jesus, Jesus« zu weichen schien.

Sie räumten alle Möbel aus dem Raum, weil die Gemeindemitglieder während des Gottesdienstes, wenn die Gesänge begannen, manchmal völlig entrückt tanzten. Sie waren vom Heiligen Geist besessen und tanzten. Mir gefielen die Gesänge. Ich sah nie ein Gesangbuch oder Fotokopien der Texte, aber alle schienen die Worte und Noten zu kennen. Die Häuser, in denen die Gottesdienste abgehalten wurden, erbebten von der Musik und dem Tanz. Bei der einzigen Melodie, deren Worte ich lernte, sangen alle im Chor: »Ich sah das Licht, ich sah das Licht, keine Dunkelheit mehr, kein Kummer mehr. Lobet den Herrn, denn ich sah das Licht.«

Einmal, als ich sehr krank war, sagte mein Vater, er wolle mich zu Oral Roberts bringen. Er meinte, Oral Roberts sei mächtiger als jeder Christenpriester, und wenn er mir die Hand auflege, sei ich gesund. Ich erinnere mich noch gut an die Heilungen und wie mir die Prediger die warmen Hände auflegten. Sie salbten ihre Hände mit einem heilenden Öl, das aus einer kleinen Flasche mit dem Etikett »Olivenöl« stammte. Noch heute erinnert mich der Geruch an jene Hände und jene Zeit meines Lebens.

Einer der Prediger unserer Kirchengemeinde war Polizist; er kam während des Dienstes zu uns ans Auto, weil Mom-mah ihm gesagt hatte, ich sei krank. Ich lag auf dem Rücksitz und er beugte sich über mich, in voller Uniform, legte mir die Hände auf und betete.

Ich weiß nicht mehr, was mir fehlte. Ich weiß nur noch, dass Mom-mah später Zeugnis ablegte und sagte, es sei nicht mehr nötig gewesen, mich in das staatliche Krankenhaus zur Beobachtung zu bringen, weil man bei der Röntgenuntersuchung einen Schatten auf meiner Lunge entdeckt hatte. Sie berichtete den Gemeindemitgliedern während des Gottesdienstes, der Schatten sei wie durch ein Wunder verschwunden und mir gehe es seither besser.

Es gibt noch andere Rituale, an die ich mich gut erinnere: zum Beispiel, wie gründlich sich Mom-mah vorher die Füße wusch, weil die Prediger und andere hoch gestellte Gemeindemitglieder ihren Brüdern und Schwestern die Füße wuschen. Ich erinnere mich an alle Erweckungsversammlungen und an den Tag, als endlich eine richtige Kirche erbaut wurde. Sobald sie errichtet war, blieb von der Gemeinde nur noch ein Scherbenhaufen übrig.

In einem weit entfernten Land herrsche Krieg, sagte Mom-mah. Für uns im Reservat war dieses Land sehr weit entfernt. So weit wie Europa, jenseits des Ozeans, wo wir Verwandte verloren, die als Soldaten im Zweiten Weltkrieg kämpften. Wir verloren auch Verwandte im Koreakrieg und andere im Vietnamkrieg. Der Vietnamkrieg nahm unserem besten Prediger, auf dessen Land wir unsere erste und einzige Kirche erbaut hatten, den ältesten Sohn. Der Prediger sang gerne und spielte Gitarre. Auch sein Sohn spielte Gitarre und hatte eine Band gegründet, die es bestimmt geschafft hätte, in der Dick-Clark-Show aufzutreten. Er spielte sehr gut. Aber er wurde eingezogen, nach Vietnam geschickt und kehrte in einem versiegelten Zinksarg zurück. Es war der erste versiegelte Sarg, den ich sah. Man hatte ein Foto von ihm in Galauniform gerahmt und auf den Sarg gestellt. Sein anziehendes, junges Gesicht schien fehl am Platz auf diesem Sarg, der nicht offen war, wie es sich gehörte, um gebührend Abschied von jemandem zu nehmen.

Dass er geschlossen war, machte seinen Tod unwirklich. Vielleicht war es letztendlich besser so. Mein Onkel, Mom-mahs Bruder, kehrte aus dem Zweiten Weltkrieg wieder zurück, allerdings nur seine äußere Hülle, nicht seine Seele. Der Kriegsheimkehrer war nicht mehr der *tiblo,* der ältere Bruder, den sie gekannt hatte. Es hieß, er habe eine »Schützengrabenneurose« erlitten und für den Rest seines Lebens kein einziges Wort mehr gesprochen. Trotzdem galt es als ehrenvoll, den Streitkräften beizutreten. Es gab keine größere Ehre, als seinem Land und Volk zu dienen, in welcher Form auch immer. Daran glauben wir Lakota. Jahre später erinnerte ich mich daran, als ich die Uniform anzog, bereit, meinem Land zu dienen. Solche Überzeugungen waren stark und übten einen unwiderstehlichen Sog aus, sogar auf mich, obwohl ich mich vor Dingen fürchtete, die unsichtbar waren, nicht an das glaubte, was andere glaubten, und nicht in fremden Zungen reden konnte.

Am letzten Morgen wurde der Zapfenstreich gespielt und der Sohn des Predigers beigesetzt. Zusammen mit seinem Sohn begrub der Prediger seinen Glauben. Der Verstorbene sei sein Lieblingssohn gewesen, sagten alle. Ich erinnere mich genau an jenen Morgen. Es war noch dunkel, als der Hornist den Zapfenstreich für den Jungen blies. Ich schlief auf dem Rücksitz des Autos, während Mom-mah mit den anderen neben dem Sarg die Totenwache hielt. Ich wachte auf und spähte aus dem Rückfenster des Wagens, konnte jedoch niemanden entdecken. Ich hörte nur das Horn, das mir Angst einjagte. Ich verkroch mich unter Mom-mahs Decke und schlief irgendwann wieder ein. Das war der letzte Gottesdienst, der meines Wissens in jener Kirche abgehalten wurde. Die Armee schickte dem Vater einen Scheck von der Versicherung, als Ersatz für das Leben des Sohnes, den er verloren hatte, und er nahm das Geld und vertrank es aus Kummer. Seine Frau leistete ihm dabei Gesellschaft und unsere Gemeinde löste sich auf. Es war, als könne niemand den Anblick der verlorenen Seele ertragen, die aus ihm geworden war.

Meine Mutter, die in fremden Zungen geredet und entrückt getanzt hatte, legte nie mehr Zeugnis ab und wirkte selbst verloren, bis der Glaube unserer Väter eine Wiedergeburt erlebte. Ungefähr zu der Zeit, als Präsident Nixon von seinem Amt zurücktrat, wurde ein neues Bundesgesetz erlassen, das uns gestattete, unsere alte Religion wieder offen auszuüben. Mom-mah schloss sich der neuen Bewegung, die unsere alten Rituale wieder belebte, mit dem gleichen Eifer an, den sie dem christlichen Glauben gewidmet hatte, als hätte es nie einen Juden namens Christus gegeben, der sie an jenem Tag errettet hatte, als sie vor den Predigern der Kirche niedergekniet war und ihre Sünden bereut hatte.

Ich stand vor einem Rätsel. Wie konnte sie alles, was

gewesen war, so mir nichts dir nichts aufgeben? Der Heilige Geist hatte sie erleuchtet, hatte ihr die Fähigkeit verliehen, in fremden Zungen zu reden und entrückt zu tanzen. Wie konnte sie ihm einfach den Rücken kehren? Hätte ich diese Gaben besessen, wäre ich nicht wie sie vom Weg abgekommen. Obwohl ich noch ein Kind war, verstand ich das Geheimnis und die Macht des Glaubens. Ich lernte in Mom-mahs Kirche beten. Sie half mir, die Lehren zu verstehen, die mir später die Jesuiten in der katholischen High School zu vermitteln versuchten, als ich, den Fußstapfen meines Bruders folgend, dort meinen Abschluss machte. Ich verriet den Jesuiten, die mich das Evangelium nach dem heiligen Markus vorlesen ließen, nichts über die Wunder, deren Zeuge ich gewesen war. Und ich verriet ihnen auch nichts über den Glauben, den meine Mutter und die anderen Mitglieder der verwaisten Kirche gehabt hatten, oder über die Teufelsaustreibungen oder über den Heiligen Geist, der sie erleuchtet und bewirkt hatte, dass sie in fremden Zungen redeten und entrückt tanzten, während andere verblüfft waren, aber aufgeschlossen für die Welt. Ich erzählte ihnen auch nicht, dass ich im Niobrara-Fluss getauft und dass ich durch ein Wunder geheilt worden war. Ich erzählte ihnen nicht, dass es überflüssig war, mich zu überzeugen. Ich kannte ihre WAHRHEIT aus eigener Erfahrung. Ich hatte sie eine Weile gelebt.

Mom-mahs Kirche gab mir meine Mutter zurück und dieses Wunder hatte große Auswirkungen auf mein Leben. Sie nahm sie so an, wie sie war, und führte sie auf den Weg der Heilung. Die Zeit, bevor sie das Trinken aufgab, habe ich aus meinem Gedächtnis gelöscht. Ich weiß nur noch, wie sie bisweilen aus dem Nebel des Alkohols auftauchte und uns etwas Leckeres zusteckte. Das waren die Zeiten, in denen mein jüngerer Bruder und ich am glücklichsten waren. Sie aß gerne Rosinenbrot und hatte immer ein paar Scheiben in den tiefen, breiten Taschen ihrer Kleidung verwahrt. Ich erinnere mich an jene Tage als die Zeit, in der wir Rosinenbrot aßen.

Wir hatten keine andere Wahl, als ihre Kinder zu sein, bis sie beschloss, uns eine Mutter zu sein, unsere Mom-mah. Als sie diese Wahl traf, verziehen wir ihr die vielen Male, in denen sie nicht für uns da war, »siebzig mal sieben Mal«, wie Mom-mahs Kirche uns lehrte. Wir verziehen ihr, wie alle Kinder verzeihen. An die Zeit, nachdem sie mit dem Trinken aufgehört hatte, erinnere ich mich gut. Es war eine glückliche Zeit. Eine Zeit der Auferstehung, für sie und für mich.

Sonnentanz

Mitte August, im *Wasut u'Wi,* dem Monat, in dem die Würgkirschen schwarz werden und reifen, verstauten wir unser altes weißes Segeltuchzelt, Zeltpflöcke, Bettzeug, Kochtöpfe und andere Küchenutensilien, einen alten Feuerrost, zwei geschwärzte Kaffeetöpfe, eine Axt, Feueranzünder, Brennholz, Wassereimer, Waschschüssel und eine Kerosinlampe im Kofferraum unseres klapprigen Autos und fuhren vierzig Meilen weit zur traditionellen Sonnentanz-Zeremonie, die einmal im Jahr im Reservat abgehalten wird. Wir packten Kleidung zum Wechseln, Geschirr und Essbesteck in Waschkörbe und alte Koffer und brachen auf. »*Iglaka*«, pflegte meine Mutter zu sagen. »Packt alles ein, was ihr für das Zeltlager oder die Reise braucht.«
Wir kamen Mittwochabend an und blieben bis zum folgenden Montag; dann packten wir unsere Schmutzwäsche, das Zelt und alles wieder ein, was wir mitgebracht hatten, und machten uns am späten Vormittag auf den Heimweg. Bei der Ankunft könnte ich es kaum erwarten, durch das Zeltlager zu streunen, hin- und hergerissen zwischen Sonnentanz-Zeremonie, Jahrmarkt und Rodeo. Alle drei Ereignisse fanden zur gleichen Zeit in der Mitte des weitläufigen Zeltlagers statt.

Als Kind fiel es mir schwer zu entscheiden, welches wichtiger war.

Ich spähte aus dem Autofenster, als wir uns dem Camp mit den unzähligen weißen Segeltuchzelten und Tipis in der hügeligen Landschaft näherten. Wir schlugen unser Zelt jedes Jahr an derselben Stelle auf, auf der Ostseite des Lagerplatzes. In der alten Zeit wussten wir genau, wo und wann wir unser Lager aufschlagen sollten. Es hieß, dass wir *waniyetu wazi caya*, nachdem ein Winter vergangen ist, ein Powwow abhielten. Damals kamen wir nicht im August zusammen, sondern im Frühling und wir stellten die Zelte in einem weitläufigen Kreis auf wie bei der Sonnentanz-Zeremonie, aber nach einer strikten Ordnung. Die Lagerplätze wurden den Familien von einem unserer Führer oder mehreren Häuptlingen zugewiesen. Entscheidend war dabei die Stammesgruppen-Zugehörigkeit und der Status, den eine Familie genoss. Wenn wir unserer alten Lebensweise treu geblieben wären, wüsste ich nicht, an welcher Stelle wir unser Zelt aufgeschlagen hätten. Ich gehöre nämlich zwei Stammesgruppen an, den Oglala und den Brulé. Die Mutter meines Vaters ist Brulé. Deshalb bin auch ich zur Hälfte Brulé; in meinen Adern fließt das Blut meines Ur-Urgroßvaters Hehaka Isnala, eines Brulé-Häuptlings, der auch unter dem Namen Lone Elk bekannt ist. Seine Tochter war meine Urgroßmutter. Seine Enkelin *Maza Waghuma wi* oder Eisenrasselfrau ist meine Großmutter. Sein Urenkel ist mein Vater.

Von der Brulé-Seite der Familie ist mir nur eines in Erinnerung geblieben: die lange Autofahrt nach Norden, von Nebraska nach South Dakota ins Rosebud-Reservat, wo meine Tante lebte, die Schwester meines Vaters. Ihr Vater, mein Großvater, war Oglala, doch mein Vater und seine Schwestern beschlossen, bei den Brulé zu bleiben, weil ihre Mutter Brulé war. Wir lebten nach Art der Brulé. Wenn Kinder verschiedenen Stammesgruppen angehörten wie ich, entschieden die Mütter, welcher Seite sie angehören. Als mein Oglala-Großvater starb, kehrte er zu seiner eigenen Stammesgruppe zurück. Er hatte sein ganzes Erwachsenenleben unter Brulé verbracht, doch als er starb, kehrte er heim. Er ist auf einem alten Friedhof der Episkopalkirche in Pine Ridge begraben, Seite an Seite mit seinen Verwandten. Dort wuchs er auf, an einem Ort namens Slim Buttes, nördlich von Pine Ridge, wo alle seine Verwandten wohnten.

Ich muss diese beiden unterschiedlichen Aspekte meines Selbst, die Oglala- und die Bruléseite meiner *Tiospaye*, meiner erweiterten Familie, in Einklang bringen. Wenn ich an meine Abstammung denke, werde ich an die unermessliche Weite des Landes erinnert, das meine Großväter, Urgroßväter und Ur-Urgroßväter durchstreiften, und an den heiligen Boden, der ihre Heimat war: *He Sapa,* die Black Hills – ein zweitausend Meter hohes Bergland, das sich vom südwestlichen South Dakota bis zum Nordosten von Wyoming erstreckte. Ich denke daran, wie frei sie waren, denke an die Orte, wo sie ihre Zeremonien und Sonnentänze abhielten, an die Sommerlager in den Prärien und die Winterlager in den Black Hills.

Als Heranwachsende identifizierte ich mich mit der

Oglala-Seite meiner Familie, zog ihnen jedoch meine Brulé-Verwandten vor, die weichherzig waren wie mein Vater. Vielleicht fand ich meine Cousins und Cousinen aus dem Rosebud-Reservat deshalb netter, weil wir uns seltener sahen, aber ich freute mich stets darauf, sie zu besuchen. Ich erinnere mich, wie ich mit meinem Vater zu seiner Schwester fuhr, einer meiner Lieblingstanten. Zwischen der Staatsgrenze von Nebraska und dem Reservat kamen wir durch viele kleine Ortschaften und in jeder einzelnen hielten wir unweigerlich an. Am liebsten machte ich an einer Tankstelle mit einem integrierten Süßwarenladen Rast. Hinter einer großen gläsernen Auslage waren Bonbons, Kaugummi und Schokoriegel aufgereiht. Es gab außerdem Ständer mit Kartoffelchips und Schraubverschlussgläser mit Dillgurken oder Schweinefüßen in Aspik. Der Laden hatte einen geölten Holzfußboden und an einer Seite stand ein Holzofen. Mir gefiel es, die Fahrt dort zu unterbrechen, weil mein Vater mir immer eine Flasche Orangenlimonade und eine Tüte Bonbons kaufte. Bei meiner Tante angekommen, zählte ich die Stunden, bis wir wieder nach Hause zurückfuhren und an der Tankstelle hielten. Im Rosebud-Reservat traf ich viele Verwandte meines Vaters vom Stamm der *Sicangu,* der Verbrannten Schenkel. Wenn ich an mein Brulé-Erbe denke, fallen mir immer ihre klangvollen Namen ein: *Mahpiya Ska Wi,* Weiße-Wolke-Frau, oder *Maza Wagmuha Wi,* Eisenrasselfrau.

Das alljährliche Zeltlager in meiner Kindheit fand anlässlich des Sonnentanz-Festes statt und Schirmherr waren wir Oglala. Es war das einzige, an dem Angehörige verschiedener Stammesgruppen teilnahmen. Uns waren damals alle traditionellen Versammlungen und religiösen Zeremonien untersagt, bis auf diese. Die Leute strömten aus sämtlichen Reservaten und Bundesstaaten Amerikas herbei. Sie kamen auch aus den großen Städten. Von weit her, wie meine Mutter zu sagen pflegte. Gleich nach der Ankunft erkundigten wir uns bei den anderen, ob die oder der schon eingetroffen sei und wo ihr Zelt stehe.

Wir suchten uns einen Platz am östlichen Rand des Camps, nahe der Umzäunung, die den Sonnentanzplatz von den Weiden trennte, auf denen ein Viehzüchter seine Herden grasen ließ. Der Stacheldrahtzaun kam Mom-mah als Wäscheleine sehr gelegen und wir schlugen unser Zelt direkt daneben auf, mit dem Eingang nach Osten, wie es Brauch war. Unsere Verwandten hatten ihr Lager in der Nähe aufgeschlagen und kamen oft auf einen Sprung vorbei. Mom-mah hielt immer Kaffee oder Tee bereit, die auf dem geschwärzten Rost über dem offenen Feuer vor sich hinköchelten. Sie selbst trank nur Tee, doch sie brachte uns bei, Besuchern Kaffee oder Tee anzubieten, und wenn möglich, einen Stuhl oder eine andere Sitzgelegenheit. Ich lernte diese Dinge, und als Kind machte ich mich nützlich, indem ich einen Stuhl für ältere Leute besorgte und ihnen Tee oder Kaffee aus Mom-mahs geschwärzten Töpfen einschenkte.

Wir wussten genau, wo sich unser Zelt befand, trotz der schier endlosen, gleich aussehenden Zeltreihen, die sich an den Hängen der Hügel entlangzogen. Wir parkten unseren Wagen am Rande des Weges, der sich durch das Camp schlängelte. Er war unbefestigt und weniger befahren als der Highway. Mehrmals am Tag kam ein LKW vorbei und berieselte den gesamten Weg aus einem riesigen Wassertank, so dass der feine weiße Staub, der sich überall absetzte, erträglicher war. Um zehn Uhr abends, wenn der Sonnentanz endete, fand ich mühelos unser Zelt, rollte mein Bettzeug aus und legte mich auf die harte Erde, die nur von der Bodenplane des Zeltes bedeckt war. Ich schlief sofort tief und fest ein, nur um kurze Zeit später, wie mir schien, vom Ausrufer geweckt zu werden, der offenbar Tag und Nacht auf den Beinen war. Er räusperte sich und sang manchmal einen Morgengesang in Lakota. Oder er rief »*Kikta po, Kikta po*«, wacht auf, wacht auf, was ähnlich wie der Weckruf des Wiesenstärlings am Morgen klang. Mom-mah stimmte in seinen Singsang ein und rief »*Wana kikta pe*«, es ist Zeit zum Aufwachen.

Damals war das Zeltlager für mich das Wichtigste bei der alljährlichen Sonnentanz-Zeremonie. Ich erinnere mich an den Geruch des flach getretenen Salbeis rund um unseren Lagerplatz, an den Geruch des in Öl ausgebackenen Brots und an den Geruch des Lagerfeuers in meinen Kleidern und Haaren. Wenn ich morgens aufwachte, musste ich mir als Erstes das Gesicht waschen und die Haare kämmen. Mom-mah mochte es nicht, wenn einer von uns zerzaust auftauchte. »Steh nicht mit ungekämmten und ungepflegten Haaren herum«, hieß es. Ihr zuliebe brachte ich meine Morgentoilette hinter mich, sobald ich aufgewacht war. Ich tauchte die Blechkelle in den Wassereimer, den Mom-mah im Schatten neben dem Zelt aufbewahrte, und füllte die Waschschüssel. Mit Seife und kaltem Wasser machte ich schnell eine Katzenwäsche und trocknete mich mit dem Handtuch ab, das von der Zeltschnur herabhing. Dann leerte ich das Wasser vorsichtig aus und stellte die Schüssel neben das Handtuch zurück, für den nächsten Benutzer. Manchmal wusch ich mir in der kleinen Waschschüssel mit Shampoo die Haare und spülte mit klarem, kaltem Wasser nach. Wir holten unser Wasser in Eimern von den Handpumpen in der Mitte des Camps und trugen es bis zum Zelt. Mir war damals nicht bewusst, dass es sich nicht gehörte, während der Sonnentanz-Zeremonie so viel Wasser zu verschwenden. Es wurde erwartet, dass man sparsam damit umging und dass man, während man es benutzte, für die Tänzer betete, die sich vier Tage lang ohne Nahrung oder Wasser in der prallen Sonne im Kreis bewegten.

Die autonome Stammesverwaltung stellte das Wasser zur Verfügung, manchmal auch Brennholz, Toilettenhäuschen und eine warme Mahlzeit am Tag, bestehend aus Suppe, Brot, Kaffee, Tee und einer Nachspeise, die wie Pudding schmeckte. Sie sorgte für Ordnung im Camp, und da Alkohol in den Reservaten verboten war, sperrten sie jeden Betrunkenen über Nacht ein. Sie verlangte Eintritt für die Teilnahme an der Sonnentanz-Zeremonie, quartierte die Tänzer in eigenen Unterkünften ein und vergewisserte sich, dass sie keinen Kontakt zu den anderen hatten. Sie ernannte einen Mann, der eine lange schwarze Perücke trug, zum Anführer der Sonnentänzer.

Ich erinnere mich gut an ihn: Er führte die Tänzer an und ihm oblag die rituelle Aufgabe, die Brust der Männer zu durchbohren, sobald die Zeit gekommen war. Er war hoch gewachsen und verrichtete seine Pflichten ruhig und selbstsicher. Er nahm den ersten Tänzer in der langen Reihe an der Hand und die anderen folgten. Er ging ihnen voran, als wären sie seine Kinder, um die er sich sorgte. Sie folgten ihm vertrauensvoll, die Gesichter zur Sonne emporgereckt, die Augen zum Himmel gerichtet. Sie tanzten den ganzen Tag im Kreis, von Westen nach Norden, von Norden nach Osten, von Osten nach Süden und von Süden nach Westen. Ich sehe sie noch heute vor mir, die ausgemergelten Männer, die im Rhythmus der Trommel ausschritten. Sie hatten rockähnliche bodenlange Tücher um die Hüften geschlungen, in kräftigen Farben, überwiegend Rot. Ihre Brust war nackt und um den Hals trugen sie eine Flöte, die in der alten Zeit aus Adlerknochen geschnitzt wurde. Noch heute höre ich die Trommel und die Adlerknochenflöten der Sonnentänzer. Ich kann die Farbe Rot in allem sehen, was sie trugen, das rote Stoffband eingeschlossen, mit dem der Salbeikranz um die Stirn zusammengebunden und vorn und hinten auf dem Kopf verknotet war.

Einige wenige Frauen tanzten gemeinsam mit den Männern, blieben jedoch stets hinter ihnen. Es heißt, dass die Frauen in der alten Zeit stellvertretend für jemanden tanzten, der abwesend war, einen Bruder, den Ehemann oder einen männlichen Verwandten. Sie trugen schlichte Baumwollkleider und schlangen ein langes

Tuch um die Taille wie die Männer. Sie tanzten, wurden allerdings nicht durchbohrt: Dieses Ritual, *Pahloka pi*, wie meine Mutter es nennt, findet am vierten Tag des Sonnentanzes statt. Der Medizinmann durchbohrt die oberste Hautschicht auf der Brust des Tänzers und führt ein dünnes Stöckchen ein. Daran wird ein starker Lederriemen verknotet, der am Heiligen Baum, einer hohen Pappel, festgebunden wird. Der Sonnentänzer tanzt, an den Baum gefesselt, bis er sich mit einem Ruck losreißt.

Die Frauen ließen sich nicht durchbohren. Sie tanzten und beteten stattdessen zu *T'ukasila*, dem Großen Vater. Ich beobachtete den Anführer der Sonnentänzer, der immer wieder einen Blick auf die Zuschauer warf, als wäre ihre Gegenwart ein Wunder; vielleicht wollte er sich vergewissern, dass er seiner Sinne noch mächtig war. Er sah genauso oft nach außen wie wir nach innen, in den Kreis, auf ihn.

In der alten Zeit hieß es, dass wir tanzten, weil *Wi*, die Sonne, Teil des Großen Geistes *Wak'a T'aka* war. Er war unser Großer Vater *T'ukasila* und wurde auch *Ate* oder Vater genannt. Die Sonne war all das für uns und mehr. Wir tanzten Ihm, unserem Vater, zu Ehren. Wir wussten, Er würde mit seinen Kindern zufrieden sein, wenn wir ein Ihm gefälliges Leben führten. Wir wussten, er würde zufrieden sein, wenn wir wahrhaftig, stolz, furchtlos und mitfühlend waren. Er würde zufrieden sein, wenn wir uns der Hilflosen, der Alten und Schwachen und der Kinder annahmen. Er würde zufrieden sein, wenn wir für unser Land eintraten und alles, was unser war. Er würde zufrieden sein, wenn wir dankbar, ehrerbietig und mitleidvoll mit allen Lebewesen waren.

Allem Anschein nach hatten wir diese Dinge vergessen. Als unsere alten Rituale verboten wurden, verloren wir unsere innere Mitte. Plötzlich waren wir gefangen in Zeit und Raum. Wir führten durch diese Zeremonien keine Zwiegespräche mehr mit *Ate*, unserem Vater. Wir begannen uns zu fürchten und alles schien uns fremd. Hätten wir unsere Aufmerksamkeit nur nach innen gerichtet, damals, als das Fundament unseres Glaubens einstürzte! Hätten wir uns darauf besonnen, dass die Welt jenseits von Zeit und Raum, an die wir glaubten, in unserem Innern weiterlebte, wo alles rot ist, dann wären wir nicht von unserem Weg abgekommen. Aber wir erinnerten uns nicht.

Wie alle Kinder dachte ich, nur das sei wirklich, was ich mit eigenen Augen sah. Ich hatte noch nicht erkannt, dass es viel mehr gibt, als wir mit unseren Augen wahrnehmen. Als Kind ließ ich mich vom Trubel, der die Sonnentanz-Zeremonie umgab, ablenken. Rodeo, die Fahrgeschäfte auf dem Rummelplatz, die Parade am Samstagmorgen und das *Powwow* am Abend fesselten meine Aufmerksamkeit mehr als der Sonnentanz selbst. Der Platz war eingezäunt und die Besucher mussten Eintritt zahlen. Damit wurde er zu einer Touristenattraktion wie die Zureiter der Bullen und Pferde beim Rodeo. Alles fand gleichzeitig statt, was Hektik und allgemeine Verwirrung schuf. Abends, bei Sonnenuntergang, begann der *wacipi*. Die Tänzer erschienen in vollem Ornat auf dem Tanzplatz und tanzten ohne Unterlass.

Der Heilige Baum stand in der Mitte; er war mit Bändern in den heiligen Farben Rot, Gelb, Schwarz und Weiß geschmückt, die von den Ästen herunterhingen. Alles drehte sich um diese hohe Pappel. Eintrittskarten wurden für das allabendliche *Powwow,* die Rodeoveranstaltung und den Rummelplatz verkauft. Zuckerwatte, Eiswaffeln, kandierte Äpfel und eisgekühltes Sodawasser in Dosen wurden von fliegenden Händlern feilgeboten. Es roch nach Popcorn und Hamburgern. Der Rummel- und Rodeoplatz war mit leeren Sodadosen übersät. Sogar auf dem Boden rund um den Tanzplatz lagen Einwickelpapier und leere Dosen. Die Sonnentänzer nahmen den ganzen Tag weder Essen noch Wasser zu sich. Erst als ich älter war und die Sonnentänze bewusst erlebte, wurde mir klar, dass dieses Verhalten ein Frevel war. In der alten Zeit galt der Tanzplatz als heiliger, unantastbarer Boden. Er wurde ausschließlich zu diesem Zweck benutzt.

Als Kind wusste ich nichts über diese Dinge. Erst ein Jahr nach der Sonnentanz-Zeremonie wurde mir klar, dass sie eine sakrale Handlung darstellte. Wir waren nach Nebraska zurückgekehrt, in unser kleines Haus, als mein älterer Bruder eines Tages ein Handtuch um seine Taille wickelte und sich eine Schnur mit einer behelfsmäßigen Flöte um den Hals hängte, ähnlich der Adlerknochenflöte, die er bei den Sonnentänzern im Kreis gesehen hatte. Er hob die Hände und tanzte, sein Gesicht der Sonne zugekehrt. Mom-mah war entrüstet. Es war das einzige Mal, dass sie ihn offen zurechtwies. Sie erklärte, das sei kein Spiel, sondern ein heiliges Ritual und dass die Männer tanzten, weil sie einen

Traum hatten. Erst da verstand ich die sakrale Bedeutung des Tanzes. Erst da verstand ich, dass trotz Rummelplatz, Rodeo, Parade und Wahl der Miss Sun Dance für Mom-mah und die Alten das Geschehen im Kreis das Wichtigste war. Sie wussten, dass ein Mann einen Traum gehabt hatte und beim Sonnentanz für seine Verwirklichung betete. Sie wussten, wie hart es war, in diesem Kreis zu tanzen, wenn sich der Mund am dritten Tag so trocken anfühlt, als wäre er mit Watte gefüllt. Die Hände der Tänzer schmerzen durch die Austrocknung, als hätten sie Arthritis. Ich erinnerte mich an diese Empfindungen, als ich mich Jahre später selbst in den Kreis der Sonnentänzer einreihte und mir der Gedanke durch den Kopf ging, wie leicht die Bewegungen ausgesehen hatten, damals, als ich ein Kind war und beim Tanz zugesehen hatte, während ich ein Eis schleckte.

Als uns die alten Rituale wiedergegeben wurden und ich selbst am Sonnentanz teilnehmen durfte, ist es mir nicht so leicht gefallen. Ich konnte die Tränen nicht zurückhalten. Sie rannen mir über das Gesicht und netzten meine Seele. Da draußen im Kreis erkannte ich zum ersten Mal, wie klein und unbedeutend ich gemessen an der Unendlichkeit des Universums bin. Ich trauerte um die Zeit, in der ich nichts gewusst hatte, in der alles, was *T'ukasila* mir gegeben hatte, selbstverständlich für mich gewesen war, in der ich Ihm niemals für seine Gaben gedankt hatte. Wie anmaßend und unwissend war ich damals und bin ich noch heute. Sie wussten um diese Dinge und ihre Bedeutung, Mommah und mein Großvater Kah-Kah. Sie schwiegen und

114

gingen zum Kreis hinüber, sahen zu, wie der Mann mit der langen schwarzen Perücke die Sonnentänzer anführte, und beteten mit ihm. Sie beteten, obwohl Eintritt verlangt wurde, wie bei jeder x-beliebigen Darbietung, und alle anderen sich verhielten, als wollten sie für ihr Geld etwas geboten bekommen. Mom-mah und Kah-Kah beteten, während die Karussells auf dem Rummelplatz anhielten und sich wieder in Gang setzten, wenn die Leute den Fahrpreis von einem Vierteldollar entrichtet hatten. Sie beteten, während der Staub in der Rodeo-Arena aufwirbelte, als die Reiter mit den Startnummern auf dem Rücken, Cowboystiefeln und brandneuen Jeans bei jeder neuen Vorführung auf- und abstiegen, oft unfreiwillig. Sie beteten, während die fliegenden Händler das Wechselgeld abzählten und Hamburger verkauften und während die Tänzer tanzten. Sie tanzten in der prallen Sonne, streckten die Arme zum Himmel empor, Salbeikränze um die Stirn und Salbeiketten um Hand- und Fußgelenke. Manche trugen einen Reifen, andere einen Fächer aus Salbeiblättern. Sie tanzten, ohne auf uns Kinder zu achten, die von einer Belustigung zur nächsten liefen, während ihnen die Vierteldollars unter den Fingern zerrannen. Ich war wie alle anderen: Ich aß Eis und Zuckerwatte. Ich trank Sodawasser und rannte um den heiligen Kreis der Tänzer herum. Ich spielte mit den Jungen Fangen und suchte den Boden des Rummelplatzes ab, in der Hoffnung, ein paar fallen gelassene Münzen zu entdecken. Ich spielte ohne Unterlass, hatte kaum einen Blick für den Sonnentanz, bis zum letzten Tag. Ich ging am letzten Tag nur deshalb hin, weil ich miterleben wollte, wie der Mann mit der langen schwarzen Perücke die Brust der Tänzer durchbohrte. Ich unterschied mich nicht im Geringsten von den Touristen. Ich wollte etwas sehen für mein Geld.

Unendliche Weite

Ich wuchs an einem Ort auf, wo der Himmel über mir grenzenlos schien und meine Arme und Beine eine Fortsetzung der Prärie waren, die sich ringsum ausdehnte, so weit das Auge reichte. Ich wuchs in dem Glauben auf, die ganze Welt sei offen und großräumig. Unter der Weite des Taghimmels oder wenn ich nachts zu den Sternen hinaufblickte und ihre Stille in der unendlichen Dunkelheit spürte, fühlte ich mich eins mit allem, was ist. Viele Jahre später, als wir an der Ostküste lebten, fuhr ich oft an die Küste in der Nähe meines Heimatortes, um die unendliche Weite des Ozeans zu betrachten, damit ich wieder für eine Weile Frieden fand. Es war wie ein innerer Zwang, noch einmal den grenzenlosen Freiraum meiner Kindheit zu erleben, der sich bis zum fernen Horizont erstreckte. Deshalb musste ich das Meer sehen, die klare Linie des Wassers, die sich vor dem Himmel abzeichnete. Sie erinnerte mich an die sanften Hügel, die mein Haus im Reservat in South Dakota umgaben. Auch sie bildeten eine klare Linie, die den Himmel berührte.
Dort, in meiner Heimat South Dakota, ahne ich, warum meine Vorfahren die Welt und das Leben als heiligen Ring oder endlosen Kreis betrachteten. *Hoco-*

kat'uya oder *kaowik*, alles ist ein Kreis und alles findet in einem Kreis statt, hieß es. Wenn ich dort vor der Tür meines Hauses stehe, sehe ich den Horizont, der mich im Norden, Osten, Süden und Westen umgibt. Dort, wo mir keine anderen Häuser oder Bauwerke den Blick versperren, sehe ich den Kreis. Und ich sehe mich selbst in seinem Mittelpunkt stehen wie meine Vorfahren vor Jahrtausenden.

Ich verbrachte die ersten Jahre meines Lebens zwischen den Maisfeldern in Nebraska. Mein Bruder, der mit den Kindern der Farmer aufwuchs, hasste Mais. Während seiner Schulzeit litt er unter Platzangst und war fest entschlossen, in die grenzenlose Weite der Prärie oben im Norden zurückzukehren, wo sich unser Reservat befand. Als er in der siebten Klasse war, verschwand er auf Nimmerwiedersehen. Er zog in das Reservat, wo er bei einer Verwandten wohnte, und besuchte die staatliche Schule. Später wechselte er auf das katholische Internat im Reservat über, weil in der staatlichen Schule Gewalt an der Tagesordnung war.

Mein Bruder legte seine Platzangst nie ab; sie stammte noch aus der Zeit, als er sich auf die Felder schlich, um Mais für meinen Großvater zu stehlen, der Hunger litt. Er verirrte sich im Labyrinth der meterhohen Maispflanzen, deren Reihen einander glichen wie ein Ei dem anderen. Er lief meilenweit von Reihe zu Reihe, nur die Sonne über sich, und hörte das Schwindel erregende Zirpen der Grashüpfer, nie sicher, ob die Richtung stimmte und ob er jemals den Ausgang finden würde. Als die Sonne senkrecht am Himmel stand und er Hunger verspürte, musste er mit dem rohen Mais vorlieb nehmen. Nach diesem Tag aß er nur noch Dosenmais, gekocht und mit Rahm verfeinert.

Im Herbst nach dem Tod meiner älteren Schwester Keg-le verließen wir Nebraska. Mom-mah kaufte eine baufällige Holzhütte von einem Farmer und ließ sie fünfundvierzig Kilometer nach Norden ins Reservat transportieren. Die Küche, ein Schlafzimmer im hinteren Trakt und ein Badezimmer blieben zurück, während zwei Schlafzimmer, ein Wohnzimmer und ein Esszimmer die lange Fahrt nach Norden antraten; sie gelangten auf einer zweispurigen Schnellstraße bis zu einem Luzernenfeld. Der Farmer, dem das Haus gehört hatte, lud es am Rande eines kleinen Abhangs ab und ließ es dort einfach stehen. Das Esszimmer war dem trockenen Nordwind ausgesetzt. Eine Baufirma stückelte im Auftrag meiner Mutter einen Anbau aus Fertigteilen an, mit Furnierholzboden, aber ohne Isolierung. Dieser Raum wurde Mom-mahs Schlafzimmer, in dem wir während der Wintermonate in South Dakota nächtigten.

Ein paar Tage vor Schulbeginn im September unternahm unsere Familie die übliche Pilgerreise ins Reservat, dieses Mal, um dort zu bleiben. Mom-mah verstaute Töpfe, Pfannen, Geschirr, Kleidung und Lebensmittel im Wagen, das Nötigste, was man zum Leben braucht. Wir folgten zwei Pickups, deren Ladeflächen mit Betten, Küchenschränken, Stühlen, Tischen, Öfen, Katzen, Hunden und einem Kühlschrank beladen waren. Die Karawane wirkte verloren in der unendlichen Weite der Prärie, drei winzige Punkte, die sich im Flachland von Nebraska nach Norden bewegten, vorbei an den Sanddünen von South Dakota, wo wir von der trockenen Hügellandschaft verschluckt wurden.

Im Reservat angekommen, übernahm mein älterer Bruder die Pflichten eines Familienoberhauptes und die Sorge für meinen jüngeren Bruder, meinen Großvater, meine Mutter und mich. Unsere Familie war auf fünf Personen geschrumpft. Unsere beiden älteren Schwestern hatten das Reservat verlassen und waren weit weg nach Chicago gezogen, eine Welt für sich. Sie nahmen an einem Umsiedlungsprogramm teil, in dessen Rahmen sie eine Handelsschule besuchten. Als eine der beiden Stenografie und Schreibmaschine beherrschte, fand sie einen Arbeitsplatz. Die andere Schwester hütete in der Zeit für sie das Kind. Die beiden standen sich sehr nahe. Ich war für sie eine Fremde, dafür jedoch mit meinen Brüdern umso vertrauter. Sie waren mein Alter Ego. Der ältere war intelligent, gewieft und darauf bedacht, es meiner Mutter und meinem Großvater recht zu machen. Der jüngere Bruder war fantasievoll, verspielt und oft genauso wortkarg wie die Erwachsenen. An meine Schwestern erinnere ich mich nicht mehr so gut wie an meine Brüder. Außer an Keg-le, meine älteste Schwester, die meine Ersatzmutter gewesen war, bevor wir Nebraska für immer verließen. Als sie starb, brachte Mom-mah es nicht übers Herz, in der kleinen Stadt zu bleiben, in der alles an sie erinnerte. Deshalb zogen wir in das Reservat unweit des Ortes, in dem Kah-Kah und Mom-mah aufgewachsen waren.

Ich erinnere mich an einen Tag kurz nach der Umsiedlung, als mein älterer Bruder eine Ente heimbrachte, die er mit einem Luftgewehr geschossen hatte. Er schenkte sie meinem Großvater Kah-Kah, genau wie damals das Dutzend Maiskolben, enthülst und wie Schulbücher mit seinem Hosengürtel zusammengezurrt, als er sich im Maisfeld verirrt hatte. Er brachte die Ente heim und Kah-Kah briet sie. Er erzählte meinem Bruder, wie sie in der alten Zeit zubereitet worden wäre. Er hätte ein tiefes Loch gegraben, glühende Kohlen aus einem offenen Feuer hineingeschaufelt, sie darauf gelegt und das Ganze mit Erde bedeckt. Diese in der Erde gegarte Mahlzeit wäre eine köstliche Mahlzeit gewesen.

»*Ehanihci*«, vor sehr langer Zeit, pflegte mein Großvater zu beginnen, wenn er uns etwas über die Vergangenheit erzählen wollte, über unsere Kultur, die seltsam fremd anmutete und wirklich einer fernen Vergangenheit anzugehören schien. Während meiner Kindheit in Nebraska war mir nicht bewusst, dass die Welt, in der ich lebte, nur der Schatten hinter einer anderen, der wirklichen Welt war, einer Welt, in der man Lakota sprach und an der traditionellen Lebensweise festhielt. Sie äußerte sich in unseren Worten, Blicken und Gedanken. Ich denke heute nicht mehr in Lakota wie Kah-Kah, Mom-mah und meine Brüder. Ich weiß nicht mehr, wann ich damit aufhörte, ich weiß nur, dass ich aus einer Laune heraus in Englisch zu denken begann. Nun bin ich eine Gefangene der Gedanken, die keine Wurzel in mir haben. Ich muss die Gedanken zurückgewinnen, die mich mit meinen Vorfahren verbinden, die Gedanken, die tief im Unbewussten verschüttet sind, vergraben wie die Wurzeln eines alten Baumes, eines abgestorbenen Baumes. *Waci ma napa* heißt es in Lakota: Meine Gedanken sind gespalten. Ich zaudere und bin oft unschlüssig, was ich tun oder lassen soll.

Die Ente, die mein Bruder nach Hause brachte, erinnerte Kah-Kah an eine Geschichte über *Iktomi* und die Enten. Mein Bruder brachte alle möglichen Dinge nach Hause, manchmal aus Notwendigkeit und manchmal aus einem natürlichen Hang zur Großzügigkeit, der allen Lakota zu Eigen ist. Er war ungeheuer freigebig, bis zu seinem Tod. Das Letzte, was er mir schenkte, war ein Zweig wilder Minze. Ich stand vor ihm. Er sah mir nicht in die Augen, genauso wie ich ihm nicht in die Augen sah. Ich entsprach seinem Wunsch, uns an die alten Traditionen zu halten. Er hatte in seiner Weisheit erkannt, dass wir das Gute in unserem Leben bewahren sollten.

In der alten Zeit, als der Kreis oder heilige Ring nicht durchbrochen war, wurden alle Dinge auf bestimmte Art getan. Damit zollten wir den Sitten und Gebräuchen unseres Volkes Achtung. Als wir älter waren, erklärte mir mein Bruder, ich dürfe ihn nicht direkt ansprechen, aus Respekt vor ihm, dem Älteren. Und wenn wir uns unterhielten, sollten wir Blickkontakt meiden, ebenfalls aus Respekt voreinander. Wenn ich ihm unverhohlen in die Augen schauen würde, könne man das als respektlos oder sogar als Herausforderung auslegen, und wenn wir die alten Sitten und Gebräuche vergäßen, liefen wir Gefahr, in die Irre zu gehen, genau wie er damals im Maisfeld. Ich hörte zu und gehorchte. Ich beobachtete und versuchte, es ihm nachzumachen.

Ich lernte, wichtig zu nehmen, was ihm wichtig war –
sein unbändiges Verlangen nach Unabhängigkeit und
Freiheit. Ich lernte, seinen Mut und seine Bereitschaft
zu respektieren, sein Leben selbst in die Hand zu nehmen und eigene Erfahrungen zu machen, wie in der
Zeit, als er nach Colorado aufs College ging. Solche
Entscheidungen schienen Männern vorbehalten zu
sein, weil außer meinem Bruder kein Mitglied unserer Familie ganz allein von zu Hause weggegangen
war und ein College besucht hatte. Für solche Entscheidungen versuchten meine beiden älteren Schwestern – wenn sie zu Besuch kamen und feststellten, wie
groß ich geworden war – mir den Mut zu nehmen,
weil sie befürchteten, dass eine Frau bei solchen Al-
leingängen zu Schaden kommen könnte. Sie versuchten, mich unter ihre Fittiche zu nehmen und mir das
beizubringen, was sie selbst über das Leben wussten.
Sie führten ein Leben innerhalb genau umrissener
Grenzen, das auf ihrer Selbstwahrnehmung basierte.
Sie fühlten sich sicher in dieser festgelegten Rolle und
waren ständig auf der Suche nach dem idealen Ehemann, dem Mann fürs Leben, der ihre Identität ver-
vollkommnen sollte. Als gelehrige Schülerin meines
älteren Bruders hatte ich allerdings schon seit langem
seine Definition von der Vielfalt der Möglichkeiten
übernommen, die mir offen standen. Alles, was ty-
pisch weiblich war, interessierte mich nicht; mich reiz-
te nicht einmal die Aussicht, eines Tages zu heiraten.
Ich glaubte, nichts von meinen Schwestern lernen zu
können, die der endlosen Weite nichts abgewinnen
konnten und die Silhouette von Chicago mit ihren

dicht gedrängten Wolkenkratzern und engen Straßen-
schluchten vorzogen.

Wenn ich an unser Haus in dem nach allen Seiten offenen Luzernenfeld und an die endlose Weite ringsum
denke, weiß ich, warum ich dort am liebsten war. Dort
wuchs ich ohne Hindernisse und Hektik auf, in dem
sicheren Wissen, wo mein Zuhause war und wohin ich
gehörte. Dort konnte ich unentwegt und unbeschadet
spielen. Dort entdeckte ich auch, wenn ich draußen
vor unserem Haus stand, dass ich nach Norden, Osten, Süden und Westen einen ungehinderten Blick auf
den Horizont hatte und, wenn ich mich um die eigene
Achse drehte, rundum den Kreis sah, der weder Anfang noch Ende hat. Wenn ich mich auf einen Heu-
haufen im Luzernenfeld warf, das Gesicht dem Himmel zugekehrt, konnte ich diesen Kreis sehen. Er war
überall, wo ich mich befand.

Dort war es auch, wo uns mein Großvater Kah-Kah
die Geschichte von *Iktomi* erzählte, der eines Tages am
Ufer eines Flusses entlangging und Entengeschnatter
hörte. Er war hungrig und näherte sich auf leisen Soh-
len der Schar, die aufgeplustert und selbstgefällig auf
dem Wasser dümpelte und schnatterte. *Iktomi* hatte
immer Hunger und war für seine Listen bekannt. Ihm
fiel sofort ein, wie er sich mit einem Trick eine köstliche Mahlzeit verschaffen könnte. Er pirschte sich an
und begrüßte die Enten mit einem lauten *K'ola* in seiner männlichen Art, was Freund bedeutet. Er schmei-
chelte ihnen und erbot sich, ihnen einen neuen Tanz
beizubringen. Die Enten, stets darauf bedacht, etwas
dazuzulernen, waren begeistert.

Iktomi bat sie, die Augen zu schließen und zuerst der Melodie zu lauschen. Die Enten taten wie geheißen. *Iktomi* nahm einen dicken Knüppel, mit dem er wie auf einer Trommel den Takt schlug, und begann zu singen. Als eine Ente mit geschlossenen Augen an ihm vorüberglitt, zog er ihr den Knüppel über den Kopf. Auf diese Weise wollte *Iktomi* alle Enten in seinen Besitz bringen und ein Festmahl halten. Doch nach ein paar Minuten öffnete ein Erpel, argwöhnisch geworden, die Augen und sah, wie einer seiner Gefährten tot umfiel. Mit einem Aufschrei warnte er die anderen und die Entenschar flog davon, bevor *Iktomi* Gelegenheit hatte, seinen Knüppel erneut zu benutzen.

Iktomi, zufrieden darüber, dass die Ausbeute auch so für eine üppige Mahlzeit reichte, entzündete ein Feuer. Er hob eine Grube aus und wartete, bis die Kohlen glühten. Als es so weit war, schaufelte er sie in die Grube, legte die vorbereiteten Enten darauf und füllte das Ganze mit Erde auf. Dann lehnte er sich an einen hohen Baum, doch just in dem Moment, als der Wind ihm die ersten Düfte der brutzelnden Enten zutrug, hörte er über sich ein lautes, knarzendes Geräusch. *Iktomi* blickte hoch und sah, wie zwei Äste im Wipfel des Baumes aufeinander prallten. »Tut das nicht!«, rief er. Die Äste fuhren unbeirrt fort, sich im Wind zu wiegen und sich ächzend aneinander zu reiben. *Iktomi* wurde ärgerlich. »Ihr seid Brüder! Ihr dürft nicht gegeneinander kämpfen!«, rief er. Die Äste gaben eine Weile Ruhe, aber sobald *T'ate* zu wehen begann, waren die Geräusche wieder zu hören. »Sie ziehen es offenbar vor, sich nicht an meinen Rat zu halten«, sagte *Iktomi*.

Iktomi beschloss, im Namen der Vernunft, von der er nichts wusste, einzugreifen; bedächtig kletterte er den Baum hinauf, um die beiden Kampfhähne zu trennen. Er erreichte den Wipfel und es gelang ihm, die Äste voneinander zu lösen, doch genau in dem Augenblick fegte ein heftiger Windstoß über die Prärie und sein Arm wurde zwischen den beiden eingeklemmt. Er zog und zog, bis ihn seine Kräfte verließen. Er hockte im Baum, unfähig, sich zu bewegen; plötzlich erspähte er einen Kojoten unter dem Baum; die Nase am Boden, näherte er sich schnüffelnd seiner Beute. »Verschwinde!«, schrie er. Der *sukmanitu* blickte hinauf und entdeckte *Iktomi* in seiner unbequemen Position, den Arm zwischen den beiden dicken Ästen eingeklemmt. »Du kannst die Enten nicht haben, die dort drüben garen«, rief er und wies auf die Grube unter dem Baum, die er mit einem Stock gekennzeichnet hatte. »Sie gehören mir.« Der *sukmanitu*, jetzt erst neugierig geworden, setzte sich, um *Iktomi* zu beobachten, der immer mehr in Wut geriet.

An diesem Punkt seiner Erzählung angekommen, pflegte mein Großvater Kah-Kah zu sagen: »Es wäre besser gewesen zu schweigen.« Der Kojote, der ebenfalls immer hungrig war, ging prompt zu der bezeichneten Stelle und begann mit seinen Pfoten zu graben. Der köstliche Duft der gebratenen Enten wehte zu *Iktomi* hinüber, der hilflos und mit knurrendem Magen im Baum festsaß, während sich der *sukmanitu* an seinem Festmahl gütlich tat. Er verschlang alles, bis auf die Knochen. Mittlerweile war ein anderer heftiger Wind aufgekommen, der über die Ebene wehte und

Iktomi befreite. Während er vom Baum herunterkletterte, sah er, wie der Kojote davontrottete, gesättigt und zufrieden. Das war das Ende der Geschichte und Kah-Kah forderte uns auf, spielen zu gehen. Er versprach, uns ein anderes Mal weitere Abenteuer von *Iktomi* zu erzählen, der so viel erlebt hatte, dass es für viele Geschichten reichte.

Kah-Kah saß dabei auf seinem alten Lieblingsstuhl neben der Veranda an der Vorderseite des Hauses, wo ich mir zum ersten Mal der unendlichen Weite der Prärie und meiner inneren Verbundenheit mit diesem Fleckchen Erde bewusst geworden bin. Sein Lieblingsstuhl, aus einer alten Eisdiele stammend, hatte eine Rückenlehne aus Metallgeflecht, die aussah wie ein Herz mit Kreisen. Die hölzerne Sitzfläche war hart und auch die Stuhlbeine aus Metall wirkten robust. Manchmal lehnte er sich mit dem Stuhl gegen den abblätternden weißen Putz der Hauswand, das Gesicht zur Sonne emporgereckt. Seine langen knochigen Finger und knorrigen Hände umschlossen den Knauf des Stocks, den er als Stütze benutzte, um nicht das Gleichgewicht zu verlieren, wenn er ein Nickerchen machte. An seinem Lieblingsplatz, rechts neben der Eingangstür, wuchs kein einziger Grashalm, da wir keinen Rasen hatten. Er ging in Ackerland über, das rund vier Hektar umfasste.

Der Vordereingang befand sich am Rande eines Luzernenfeldes, das sich nach Süden entlang eines unbefestigten Weges erstreckte, ungefähr eine Meile vom Highway entfernt. Dort begann eine andere, laute und temporeiche Welt, mit Autos, Lastwagen und Schul-

127

bussen. Es war eine Welt, die es in dieser Form noch nicht gegeben hatte, als Großvater ein kleiner Junge gewesen war. Er hatte in einer Welt der von Pferden gezogenen Postkutschen und Planwagen gelebt und der ungepflasterten Straßen, die man *wagon trails* nannte. Er war in der Zeit nach dem Massaker bei Wounded Knee aufgewachsen, als unser Volk deportiert wurde und sich mit dem trostlosen Leben im Reservat abzufinden schien, als ganze Familien ihre Habe auf den Pferdewagen luden, um Besuche abzustatten oder Arbeit weit weg von der Abgeschiedenheit der Reservate zu suchen. Kah-Kah kannte die besten Lagerplätze zwischen dem Reservat und der Staatsgrenze von Nebraska. Er kannte die alten Wasserlöcher und die Namen der Orte, die Marksteine für die Menschen waren, die ein Nomadenleben führten. Er kannte die Schauplätze, auf denen Schlachten stattgefunden hatten. Er erzählte uns von der Frau, die von unseren Feinden, den *Kagi* oder Crow, entführt wurde, einem Stamm, der in Montana beheimatet war. Sie konnte fliehen, und da sie sich tagsüber versteckte und sich nachts auf den Weg machte, gelangte sie sicher zu ihrem eigenen Volk zurück. Er erzählte uns von dem Jungen, der von den Crow skalpiert wurde und es überlebte, um davon zu berichten. Er wusste Dinge über das Land und die Bewohner, die für immer verloren sind, weil er sie mit ins Grab genommen hat. Wenn ich heute die Straßen entlangfahre, durch die ich als Kind mit ihm fuhr, lausche ich in der Hoffnung, seine Stimme zu hören, wie früher, wenn er mich auf das eine oder andere aufmerksam machte.

Kah-Kah saß da und blickte zu der ungepflasterten Straße hinüber. Vielleicht dachte er an die Reisen, die er im Pferdewagen unternommen hatte, an die Menschen, die er gekannt hatte und die längst den Weg der Geister gegangen waren, oder an seine Mutter, von der man sagte, sie sei im Alter eine machtvolle Schamanin und Heilerin gewesen. Sie hieß *Keglezela Wi* oder Gefleckte-Schildkröten-Frau, genau wie meine älteste Schwester, die gestorben war. Sie bereitete ihre eigene Medizin zu und viele kamen zu ihr, um sich behandeln zu lassen.

Meine Ur-Großmutter *Keglezela Wi* wird gewusst haben, welche Wurzeln und Kräuter benutzt werden konnten, wo man sie findet und wie man sie auf die alte Weise zubereitet. Sie wird gewusst haben, wo die Kegelblume wächst, die wir *napeosta,* auf die Hand legen, nennen, oder der weiße Prärie-Klee, der bei uns *t'okala pezuta,* Fuchsmedizin, heißt. Vielleicht wusste sie auch, wie man den Bittersüßen Nachtschatten verwendet; oder dass die Wurzel der Yucca-Pflanze, die an den Hängen der Hügel wächst und als Seife verwendet wird, Läuse abtötet und einen langen, dichten Haarwuchs fördert. Sie wird gewusst haben, wie man aus Salbei oder wild wachsender Minze einen Tee kocht, der Bauchschmerzen lindert. Das alles wird Kah-Kahs Mutter gewusst haben, um den Frauen zu helfen, die mit der Bitte um eine wirksame Medizin zu ihr kamen.

Ein großer Teil dieses Wissens ist in Vergessenheit geraten. Die Medizinmänner wissen heute nicht mehr, wie man Arzneien herstellt. Es heißt, dass ein Medizinmann in der alten Zeit in die Berge ging und betete, wenn er nach den Ingredienzien für eine bestimmte Arznei Ausschau hielt. Die richtigen Heilkräuter und Pflanzen lenkten die Aufmerksamkeit auf sich und er bereitete daraus seine *pezuta* zu. Damals begleitete uns der Große Vater noch auf allen Wegen. Damals hielt er noch Seine schützende Hand über uns, weil wir dankbar und frohen Herzens in der endlosen Weite lebten. So wie unsere Ahnen frohen Herzens in der Geisterwelt leben, wie Mom-mah sagte.

Seit ich älter werde, denke ich oft an *Keglezela Wi,* meine Ur-Großmutter, und an ihre Medizin. Mommah zeigte mir einmal die Stelle, an der sie begraben liegt, unterhalb eines mit Kiefern bewachsenen Hügelkammes – ein herrliches Fleckchen Erde. Wir pflegten unsere Toten immer an einem Ort zu bestatten, der schön war und einen freien Ausblick auf das Land ringsum bot, damit ihr Geist ungehindert die Reise von dieser Welt in die nächste antreten konnte. Das war in der alten Zeit, bevor sie uns zwangen, sie nach christlicher Art auf einem kahlen Friedhof beizusetzen.

Ich weiß, dass Kah-Kah viel nachdachte, weil er häufig sang, Melodien, die ich heute noch höre und die mir ein großer Trost sind, wie das Lied des Wiesenstärlings. *»Kikta po, wana apa yelo«,* »Wach auf, wach auf, der Tag bricht an«, sang er mit seiner männlichen Stimme. Diesen Brauch pflegte Kah-Kah jeden Morgen, wenn er bei Sonnenaufgang die Augen aufschlug und die Glut im Holzofen entfachte. »Genau wie der Wiesenstärling«, sagte er.

Mein Großvater saß da und blickte zu der ungepflasterten Straße hinüber, bis zu dem Tag, als er mit siebenundneunzig Jahren starb. Er hielt nach Besuchern Ausschau, vielleicht auch nach dem merkwürdigen Gefährt, »das von allein läuft«, wie das Auto bei uns heißt. Er hielt nach dem Schulbus Ausschau. Wenn er hielt, knirschten die Bremsen, blinkten die roten Rücklichter und öffneten sich quietschend die Türen. Meine Cousins und Cousinen, die am anderen Ende der Straße wohnten, mein Bruder und ich stürmten aus dem Bus und machten noch mehr Lärm. Für Kah-Kah müssen wir einen seltsamen Anblick geboten haben.

Er freute sich, dass wir wieder da waren, und manchmal machte er sich einen Spaß daraus, uns mit seinem Spazierstock ein Bein zu stellen. Wir liefen an ihm vorbei, wenn wir fernsehen oder uns etwas zu essen holen wollten. Er redete uns nicht mit unseren englischen Vornamen an, denn er hatte für jeden von uns einen eigenen Namen, den nur er benutzte. Mein englischer Vorname wäre mir lieber gewesen, doch ich hatte Verständnis dafür, dass er Worte, die uns leicht über die Lippen gingen, nicht aussprechen konnte, weil sie in seinen Ohren fremd klangen. Meinen Cousins und Cousinen gefielen die Namen auch nicht, die sie von ihm erhalten hatten, doch wenn wir sie hörten, wussten wir auf Anhieb, wer uns rief. Ich erinnere mich an meinen Cousin Jerry, der von Großvater *Ba lo* genannt wurde. Einmal, nach der Schule, saß Jerry neben ihm und versuchte, ihm beizubringen, wie man den Namen aussprach. »Ich heiße Jerry, Großvater, Jerry!«, sagte er flehentlich. Kah-Kah hörte gleichmütig zu, lächelte, nickte und nach mehreren erfolglosen Versuchen mein-

te er: »Dann werde ich dich eben Jenny nennen.«
Mein Cousin, der Basketball spielte, viele Freundinnen
hatte und später nach Vietnam ging, zog es daraufhin
vor, *Ba lo* genannt zu werden.

Kah-Kah war ein Mann, der noch in hohem Alter
großen Wert auf sein Äußeres legte; sein Hemd war
immer bis zum Hals zugeknöpft, genau wie auf Bildern, die den legendären Häuptling Sitting Bull zeigen.
Seine großen Füße steckten in Lederslippern und er bewahrte seine gesamte Habe in einer großen schwarzen
Truhe auf. Im Laufe der Zeit war er nur noch Haut
und Knochen, ein Zeichen dafür, dass er alt wurde; er
trug lange Unterwäsche und seine Beine knickten beim
Gehen ein. Er saß oft mit einer leeren Kaffeedose, die
er als Spucknapf verwendete, vor dem Haus. Er liebte
Tabak, Sardinen und Kaffee. Er hielt sich gerne draußen auf, vor allem, wenn es warm war, weil er hier die
Straße, das Luzernenfeld und die Staubwolken im Blick
hatte, die hochwirbelten, wenn jemand vorbeikam,
um guten Tag zu sagen. Besucher waren immer eine
willkommene Abwechslung für ihn und er begrüßte
sie mit einem lauten »*Ho he, ho he*«, das gefällt mir,
um seiner Freude Ausdruck zu verleihen. Er starb an
einem Wochentag, als ich gerade in der Schule war.
Meine Lehrerin in der fünften Klasse rief mich ins
Büro der Rektorin und Mom-mah holte mich ab und
brachte mich nach Hause. Er lag auf dem Bett, mit einem weißen Laken zugedeckt. Es hieß, er sei friedlich
gestorben, zu Hause.

Meine Brüder verloren einen väterlichen Freund, als
Kah-Kah starb. Mein älterer Bruder reiste aus dem

Internat an; er wirkte verstört, wie damals, als wir jünger waren und er einen Geist gesehen zu haben glaubte. Mein jüngerer Bruder stöberte in seinem Kummer den ganzen Tag im Brennholzstapel herum, unfähig zu spielen und ohne zu wissen, wonach er eigentlich suchte. Ich hatte Angst um meine Brüder, hatte Angst vor ihrer kollektiven Trauer, ihren Gefühlen des Verlusts. Ich sah zu, wie mein jüngerer Bruder gegen die Kiste mit den Holzspänen trat, die sich in alle Winde zerstreuten. Ich sah seine roten Augen und seine laufende Nase und ich machte mir Sorgen, was der nächste Tag bringen würde, jetzt, wo meine Mutter allein war.

Winter

Ich erinnere mich an Winter, die kalt und streng waren, vor allem im Dezember, den wir *T'ahe kapsu Wi* nennen, den Mond, in dem das Wild seine Hörner abwirft. Wir hatten für jeden Monat und für jede Mondphase eine eigene Bezeichnung. *Wit'aca te* bedeutet Neumond und in wörtlicher Übersetzung: der Mond ist gestorben. Das Gesicht des Vollmonds ähnelt dem einer Frau, die sich dick vermummt hat und Kleider in mehreren Schichten übereinander trägt. Bei Vollmond stellen wir uns vor, dass sie ein Feuer angezündet hat und in einem Kessel rührt. In der alten Zeit hieß es, dass sie Suppe aus dem Kessel schöpft.

Wir hatten Bezeichnungen für alle Jahreszeiten, die wir kannten: Sommer, Herbst, Winter und Frühling. Die schlimmste Jahreszeit ist *waniyetu*, der Winter. Ich erinnere mich an den Schnee und den arktischen Wind aus dem Norden. Wir schrieben diesem Wind reinigende Kräfte zu. Er sorgt für einen klaren Kopf. Er bewirkt, dass man zu den Sternen emporblickt, zu der unendlichen Weite des nächtlichen Universums. Er erinnert daran, wie unbedeutend wir Menschen im Vergleich zur Natur sind. Er macht demütig.

Ich erinnere mich an ein Foto von zwei Kindern. Ein

Porträtkünstler hatte ihre Gesichter in Großformat auf Leinwand gemalt. Es waren zwei Kinder von Wounded Knee, wo die US-Kavallerie 1890 dreihundert Sioux, Männer, Frauen und Kinder, massakrierte. Wounded Knee ist heute noch ein düsterer, unheilvoller Ort, eingehüllt in lautlose Trauer. Sie überfällt jeden beim Anblick des Massengrabes auf dem Hügel, einem Anblick, dem sich niemand entziehen kann. *Cakpe Opi,* verwundet im Knie, wird der Ort genannt, an dem Häuptling Big Foot am Abend des 28. Dezember 1890 eine weiße Flagge hisste und sich ergab. Am Morgen des 29. eröffneten Angehörige des Siebenten Regiments – das 1876 in der Schlacht am Little Big Horn, in der General Custer fiel, durch die Häuptlinge Crazy Horse und Sitting Bull eine vernichtende Niederlage erlitten hatte – aus Gründen, deren Vielschichtigkeit zu schildern den Rahmen dieses Buches sprengen würde, das Feuer auf dreihundertvierzig Sioux. Darunter befanden sich mehr als zweihundertfünfzig Frauen und Kinder.

Einmal hatte ich dort eine Vision: Ich sah, wie Regen die Erde verwüstete. Die Tropfen prasselten wie die Kugeln eines Gewehrs auf das Gras und töteten alle Lebewesen. Doch inmitten der Zerstörung erschien plötzlich ein Regenbogen, genau an der Stelle, an der das Massaker stattgefunden hatte. Ich sah den Regenbogen, der die Erde so sanft berührte wie ein Medizinmann die Wunde eines Menschen mit seinem Adlerschwingenfächer. Der Regenbogen berührte das flach getretene Gras und verblasste, als die Sonne durch den strömenden Regen brach. Die Sonne tauchte die Landschaft in ihr goldgelbes Licht. Es heißt, dass die *wana-gi,* die Geister, die Farbe Rot lieben, aber auch Gelb, die Farbe der Sonne. Vielleicht hatte ich in meiner Vision die Geister der Ermordeten von Wounded Knee gesehen. Dort hatte der Medizinmann *Zitkala Zi,* Yellow Bird, die Männer mit seiner Adlerknochenflöte ermutigt, bis zum letzten Blutstropfen zu kämpfen, um die Hilflosen, die Alten, die Frauen und die Kinder zu schützen, als die Kavallerie das Feuer auf sie eröffnete. Ich sah Männer wie Yellow Bird auf ihrer Adlerknochenflöte blasen, das Gesicht der Sonne zugewandt. Sie blickten empor und sangen »*Wanikta ca lecama yelo«,* »Ich werde leben, und das ist der Grund für mein Tun.«

Woran ich mich am besten erinnere, wenn ich an Wounded Knee denke, ist das Bild der beiden Kinder, Bruder und Schwester, die mitten im Winter vor einem Segeltuchzelt stehen. Es könnte aus dem Jahr 1940 oder 1950 stammen. Sie stehen lächelnd vor dem Zelt. Das Mädchen hat weder Mütze noch Mantel oder Fäustlinge an. Beide tragen dunkle Kleidung und das Haar des Mädchens ist kurz geschoren. Sie sehen wie Juden auf den Bildern aus, die ich von den Konzentrationslagern kannte. Das Mädchen auf dem Bild steht neben dem Bruder, die Landschaft im Hintergrund ist schneebedeckt. Ein Rauchabzugsrohr ragt aus der Mitte des Zeltes ins Freie. Alles im Bild ist Schwarz und Weiß, bis auf die bloßen Arme, die bläulich gemalt sind, um einen Eindruck von der bitteren Kälte zu vermitteln. Wenn ich an den Winter denke, sehe ich immer dieses Bild vor mir.

Ich wüsste gerne, wer sie sind, diese beiden Geschwister. Ihre Gesichter sind genauso ahnungslos wie mein eigenes Gesicht, als ich im gleichen Alter war. Das Bild hätte meinen Bruder und mich darstellen können. Unsere Eltern lebten in Segeltuchzelten inmitten der Felder von Nebraska; auch als sie uns die Büffelfellzelte nahmen, zogen wir das Leben unter freiem Himmel vor.

Ich wurde in einem Zelt geboren. Ich wurde in einem Segeltuchzelt geboren, auf einem Feld gegenüber der Stelle, an der sich heute ein Jack-and-Jill Lebensmittelladen in der kleinen Stadt in Nebraska befindet, in der ich die ersten zehn Jahre meines Lebens verbrachte. Man sagte mir, dort sei ich geboren. Ich kam am Ende des Frühlings zur Welt, unmittelbar vor Beginn des Sommers, als der Stern, den wir *It'okob u* nennen, im Nordwesten erschien und die Rückkehr der Vögel anzeigte. Der Name bedeutet: der, der wiederkehrt, so wie alle Jahreszeiten und Zyklen in der Natur. Meine Vorfahren konnten am Stand der Himmelsgestirne genau bestimmen, wann der Sommer anfing. Heute erinnert sich niemand mehr an die Namen, die sie den Sternen gaben. Heute erinnerte sich niemand mehr, unter welchen Sternen die Jahreszeiten kommen und gehen.

Ich versuche mir vorzustellen, wie es im Juni des Jahres gewesen sein mag, als ich geboren wurde, in dem Monat, den wir *Tipsila nahca Wi* nennen, den Monat, in dem die wilden Rüben Blüten treiben. An dem Tag, als ich das Licht der Welt erblickte, kam mein Großvater väterlicherseits und wickelte mich in ein weiches

Wildlederfell. Er brachte Süßigkeiten für meine Mutter, gab mir meinen indianischen Kindernamen und stimmte einen rituellen Gesang für mich an. Er nannte mich *Hoka Wi,* Dachsfrau; diesen Namen hatte schon meine Tante erhalten und deren Tante vor ihr. Der Name gehörte seiner Tochter und durch ihn gab er meinem Geist einen Namen. Der Geist wird, wie wir Lakota glauben, nicht mit uns geboren, sondern uns unmittelbar nach der Geburt gegeben. Der Gesang, den er anstimmte, war nicht nur für mich bestimmt, sondern für den Geist aller Dachsfrauen, die vor mir gelebt hatten. Man sagte mir, mein Großvater habe mir mit seinem Besuch eine große Ehre erwiesen. Er wusste, wie alle Lakota wissen, dass alles, was geboren wird, auch sterben muss und der Tod ein untrennbarer Bestandteil des Lebens ist. Vielleicht kam er, weil ihm die zweitälteste Tochter seines einzigen Sohnes Leid tat. Ich war noch als Erwachsene überzeugt, dass meinem Großvater und meinem Vater ein Junge lieber gewesen wäre. Da das erstgeborene Kind meines Vaters ein Mädchen war, hofften sie vielleicht, dass es dieses Mal ein Junge sein möge. Ich wuchs mit dem Gedanken auf, dass ich sie vielleicht enttäuscht hatte. Doch wenn ich hörte, wie mein Vater mich Tochter nannte, wusste ich, dass er mich wie andere Eltern akzeptierte. Ich wuchs im Schatten von Jungen auf. Ich wuchs in dem Glauben auf, das sei auch in Zukunft meine Rolle, und ich weigerte mich auf meine Art, sie zu akzeptieren.

Mein Großvater väterlicherseits, der grüne Augen hatte und stets ein rotes Stirnband trug, war Stammespolizist. Die grünen Augen stammten von seinem Vater, der zur Hälfte Franzose gewesen war. Mein Großvater väterlicherseits ist also zu einem Viertel Franzose: In seinen Adern fließt das Blut eines Trappers, der von Kanada ins Land kam und eine Frau von der Oglala-Stammesgruppe heiratete. Alles, was wir über ihn wissen, ist, dass sein Name Dion lautete. Mein Großvater war stolz auf seine französische Herkunft, seine indianische Herkunft und seine Pferde. Manche Leute behaupten, er sei ein Pferdedieb gewesen: Pferdediebe genossen in der alten Zeit hohes Ansehen bei meinem Volk, und mein Großvater hätte Bilder von den Überfällen auf die Wände des Tipis gemalt, das er mit meiner Großmutter bewohnte, damit alle sähen, wie verwegen er war. Mein Vater sagt, er habe viele Pferde besessen, die er vom Rosebud Reservat zum Pine Ridge Reservat trieb, durch den Porcupine Creek hindurch und weiter nach Norden, an den Badlands vorbei. Mein Vater wuchs auf dem Rücken der Pferde auf. Ich hatte von klein auf Angst vor ihnen.

Wir nannten die Berge Bad Hills und mieden sie, vor allem den unheimlichen Ort in den Badlands, den mein Großvater jedes Jahr mit seinen Pferden aufgesucht hatte. Mein Großvater väterlicherseits ritt dorthin, um die Erinnerung an seinen Vater lebendig zu erhalten. Sein Vater, halb Franzose, halb Lakota, war ein so genannter Hemdenträger, ein *blota hunka* oder Stammesführer. Wie Red Cloud und Crazy Horse. Mein Urgroßvater gehörte zur *Tiospaye*, der erweiterten Familie oder Jagdgemeinschaft des legendären Häuptlings Red Cloud. Seine Mutter, eine reinblütige

140

Indianerin, stammte aus dieser Familie. Sie erweckte die Seite in mir zum Leben, die franko-kanadische Spuren trägt. Ich bin dankbar, dass mein Urgroßvater, mein Großvater und mein Vater reinblütige Lakota-Frauen geheiratet haben, so dass weniger französisches Blut in meinen Adern fließt als bei meinem Urgroßvater. Das Bureau of Indian Affairs hat festgestellt, dass ich zu einem Sechzehntel Französin bin. Diese Organisation, die unsere Angelegenheit vertritt, interessiert sich dafür, wie groß der indianische Anteil der Mischlinge ist. Ich erinnere mich, wie ich meine Hände mit denen meiner reinblütigen Lakota-Cousinen verglich, die mir dunkler erschienen, vor allem in den Falten der Knöchel, wenn sie mir beim Spielen die Hand reichten. Meine Hände wirkten weniger sicher, meine Finger länger und schlanker, meine Knöchel blasser. Vielleicht spiegelte sich darin mein französisches Erbe wider, verborgen in den Falten meiner Knöchel.

Mein Urgroßvater fand mit seinem Stamm in den *Mak'o Sica*, den Badlands, Unterschlupf. Er versteckte sich vor der Armee in den ausgetrockneten Wasserläufen einer Hochebene, die später nach ihm benannt wurde. Von dort aus hoffte er, nach Norden zu entkommen, nach Kanada, wie Sitting Bull und sein Volk. Manchmal lagen die Badlands im Winter unter einer meterdicken Schneedecke begraben und es gibt dort keinen anderen Schutz vor dem Wind als die tiefen Wasserläufe. Wenn man der Straße von der kleinen Ortschaft Porcupine Tail zwanzig Meilen nach Norden folgt, zu der Stelle, an der die Badlands beginnen, stößt man auf die erste unbefestigte Straße, die nach Westen führt, und auf ein weitläufiges Hochplateau mit steilen, durch die Erosion ausgewaschenen Hängen. In den Badlands werden sie als Tafelland bezeichnet. Dieses Plateau ist nach meinem Urgroßvater benannt. Am Straßenrand wächst wilder Salbei in dichten Büscheln. Von der höchsten Stelle des Plateaus sieht man das Flachland, das die Farmer heute kultiviert haben. Die Straße verläuft schnurgerade nach Westen, quer über das Plateau. Dort, wo sie einen Knick nach Norden macht, führt sie geradewegs zum Cheyenne-Fluss hinunter, der im Missouri mündet. An der Stelle, wo das Tafelland endet und die sumpfigen Flussniederungen beginnen, sieht man noch Überreste vom Zeltlager meines Urgroßvaters. Hier peitschten die Winterstürme die kahle Hochebene und strichen über das Zeltlager hinweg. Es war geschützt und in der Nähe des Leben spendenden Wassers.

Hier berief mein Urgroßvater Ältestenversammlungen ein und unternahm im Schutz der Dunkelheit zahlreiche Ausfälle nach Norden, um den Gegner zu täuschen. Heute hat die Regierung dort Häuser errichtet, armselige Wohnhütten, die heruntergekommen sind und teilweise leer stehen. Nach der Zwangsumsiedlung in Reservate hatten wir die Willenskraft verloren, wie unsere Vorfahren zu leben, in Unterkünften, die auf das Land abgestimmt waren. Die Zelte unserer Vorfahren bestanden aus zehn bis zwölf Büffelfellen, kreisförmig wie ein Cape zusammengenäht und über drei starke Pfähle gespannt, die von weiteren, in den Boden gerammten Pfählen abgestützt wurden. Ein sol-

ches Zelt war fünf bis sechs Meter hoch. Es gehörte der Frau und wurde *ti* genannt. Sie erteilte ihrem Mann die Erlaubnis, es zu betreten und seine Träume oder Ängste vor einem Kampf oder beim Pferdestehlen auf die Innenbespannung zu malen. Es heißt, dass nur ein Mann Menschen und Tiere wirklichkeitsgetreu darstellt, während eine Frau geometrische Formen bevorzugt: Vierecke, Dreiecke und Linien. Das eine ist abstrakt, das andere hat seine Wurzeln im Hier und Jetzt. Das eine sind Träume der realen Wirklichkeit, das andere immer wieder dieselben Albträume. Es heißt, dass wir in unseren Tipis im Kreis schliefen, auf Büffelfellen, mit dem Kopf zur Wand und den Füßen zum Feuerloch, das in der Mitte des Zeltes ausgehoben wurde. Jeder bekam seinen Platz im Kreis zugewiesen – Männer, Frauen und Kinder. Als man uns in Reservate deportierte, vergaßen wir das alles. Es war, als wären wir in einem nächtlichen Albtraum gefangen, aus dem wir bis heute nicht erwacht sind.
Wir hielten keine Ältestenversammlungen mehr ab wie in der alten Zeit. Wir hatten keine Führer mehr wie meinen Urgroßvater, der alles für sein Volk getan hat. Auch wir sind im Winter den Elementen ausgesetzt, doch es ist niemand mehr da, der uns eine Zuflucht vor den arktischen Winden sucht. Die Wohnhütten, von der Regierung auf schnellstem Wege errichtet, sind nicht in der Lage, den eisigen Stürmen zu trotzen. Wenn ich dort bin, kann ich nachts den Wind durch die Ritzen in den billigen Fenstern klagen hören. Er trauert, weil wir den Kontakt zu uns selbst und unserer althergebrachten Lebensweise verloren haben.

Mein Urgroßvater hätte es sicherlich nicht für möglich gehalten, dass wir eines Tages ohne Ältestenversammlung, ohne Führer und ohne Erbarmen leben würden.

Ich erinnere mich an die Winter in South Dakota während der sechziger Jahre, als viele von uns in Segeltuchzelten lebten. Manche gehörten zu meinen Verwandten. Einmal besuchten wir eine Cousine, die mit ihrem Mann und sechs Kindern in einem Segeltuchzelt am Porcupine Creek hauste. Es war schwarz vom Ruß der Autoreifen, die sie verbrannten, um sich warm zu halten. Der Zeltboden bestand aus einer dünnen Segeltuchplane, die auf der gefrorenen Erde lag. Sie hatten einen kleinen Holzofen, den sie zum Kochen und Heizen benutzten. Die Kinder erkrankten an Tuberkulose und die Familie wurde in eine Baracke auf dem Gelände einer Militärbasis umgesiedelt, das geschlossen und von der Regierung gekauft worden war. Im gleichen Jahr brachten sie uns viele Wohnhütten, die wir Iglus nennen, weil es heißt, dass sie aus Alaska eingeführt wurden. Sie errichteten sie hier und da auf Stammesland und die Leute zogen ein. Ich war einmal in einem solchen Iglu und weiß noch, dass ich die gefliesten Böden und sauberen weißen Wände bewunderte. Sie hatten Innentoiletten, Badezimmer und fließendes Wasser. Trotzdem behielten einige Familien ihre Toilettenhäuschen im Freien, für den Notfall, weil sie den Innentoiletten nicht trauten. Das war zu der Zeit, als unsere Familie in einem Holzhaus wohnte, das meine Mutter von einem Farmer in Nebraska gekauft und ins Reservat hatte transportieren lassen. Ich fand es tröstlich, dass es nicht von der Regierung stammte. Es gehörte Mom-mah, sie hatte es selbst gekauft. Es machte mir nichts aus, dass wir noch so lebten wie in der alten Zeit, mit einer Handpumpe, an der wir das Wasser holten, und einer Außentoilette mit einem alten Sears-Katalog als Papier, denn schließlich war es unser eigenes Haus. Wir mussten uns nicht den Kopf über Installationen zerbrechen, in einer Gegend, wo es keine Installateure gab.

Ich bin nicht im Winter geboren, ich erinnere mich jedoch an die langen Wintermonate. Ich wurde im September gezeugt, in dem Mond, der die Blätter braun färbt. Ich erlangte mein Bewusstsein während des Winters im Mutterleib. In der alten Zeit lernten Kinder wie ich, sich die langen Wintermonate durch Spiele zu verkürzen. Ein Spiel hieß *Wazi m.ni acaga:* dabei wurde ein Stöckchen ins Wasser getaucht, nach draußen gestellt, bis es gefror, und wie Eis am Stiel gelutscht. Als Kind liebte ich Eis, sogar im Winter.

Ich nahm meine Welt erstmals bewusst wahr, als wir die ersten Winter in South Dakota erlebten, in denen die Stürme über das Land fegten, die Temperaturen unter den Gefrierpunkt fielen und die Autobatterien versagten. Es war die Zeit, in der Mom-mah die Wäsche, die draußen nicht mehr trocken wurde, gefroren ins Haus holte und sie neben dem Holzofen in einer Dampfwolke auftauen ließ. Sie hatte Wäscheleinen gespannt und Kleider, Hemden, Hosen und Socken waren stocksteif gefroren. Ich erinnere mich an Kah-Kahs lange Unterhosen, die zwischen Mom-mahs Wäsche hingen. Kah-Kah war ein hoch gewachsener

Mann, deshalb berührten die Hosenbeine den Boden. Ich ging nach draußen zum Holzstapel und sammelte Kienspäne für das Feuer, damit die Wäsche auftauen konnte.

Ich erinnere mich auch an die kalten Dezemberabende, wenn die Sterne den Nachthimmel in Besitz zu nehmen schienen. Sie funkelten in den eisigen, mondlosen Nächten, wo alles wie bei einem Standbild zu erstarren schien. Ich stand oft draußen, um sie zu betrachten, mit klappernden Zähnen, um zu sehen, wie viel Kälte ich schlimmstenfalls ertragen konnte.

Die Abende vergehen dort langsam im Winter. Die schwachen Strahlen der Morgensonne, die am weit entfernten Horizont im Osten aufgeht, gelangen nur mühsam über die Hügelkette, wo sie den ganzen Winter über mit den Wolken wetteifert.

Die Rolle der Sonne ist in dieser Jahreszeit neutral; alle Macht gehört dem Winter. Die Kälte ist allgegenwärtig. Sie kann tödlich sein, wenn man nicht vorsichtig ist. Deshalb hatte Mom-mah stets eine Decke im Wagen, für alle Fälle. Wir verloren viele Verwandte und Freunde, junge und alte, in den eisigen Wintern, wenn die Temperaturen weit unter dem Gefrierpunkt lagen. Sie starben, wie viele andere, weil ihre Gebrauchtwägen, indianische Schrottkisten, wie wir sie nannten, in einer Schneewehe am Straßenrand stecken blieben und die ganze Nacht niemand des Weges kam; sie schliefen in ihren kalten Autos ein und wachten nicht mehr auf. Das geschah häufig und manchmal machte man den Alkohol dafür verantwortlich, aber diejenigen von uns, die den Winter dort miterlebt hatten, wussten, dass es jeden treffen konnte. »*Tasaki pi*«, sagte meine Mutter, sie sind erfroren. Genau wie die Verwundeten in Wounded Knee. Sie starben, weil man sie im Schnee liegen und erfrieren ließ.

Lakota-Worte

Ich wuchs auf, bevor die alte, traditionelle Lebensweise völlig vom Erdboden verschwand und die neue an ihre Stelle trat. Für mich gleicht sie der Zeit unmittelbar vor Tagesanbruch, bevor die Sonne den Morgentau trocknet, der noch auf allem liegt. Im Zeitraffer könnte man beobachten, wie er sich nach und nach auflöst, genauso wie unsere überlieferten Sitten und Gebräuche.

Sie starben mit meinem Großvater mütterlicherseits. Kah-Kah nahm Worte mit ins Grab, für die niemand mehr Verwendung hat. Sie dienten der Schilderung einer Lebensweise, die ein für alle Mal der Vergangenheit angehört. Unsere Lebensweise war untrennbar mit unserer Sprache verbunden und der Art, wie wir einander anredeten: Bruder, Schwester, Vater, Mutter, Großvater, Großmutter, Onkel, Tante, Cousins und Cousinen; mit der Art, wie wir unsere Gefühle zum Ausdruck brachten, öffentlich und im engsten Kreis; mit der Art, wie wir ein Lächeln, Winken, eine Lakota-Marotte beschrieben; mit der Art, wie meine Mutter einen Menschen mit einem einzigen Wort charakterisieren konnte, einem Wort, das alles und nichts verriet, das ein Bild heraufbeschwor, das man schätzte und fürchtete zugleich. »Oh, solche Leute kenne ich auch!«, würde jeder sagen.

Ich sehe nun, wie meine Mutter vor meinen Augen trocknet, genau wie der Morgentau; auch an ihr ist die Zeit nicht spurlos vorübergegangen. Auch sie wird Worte mit ins Grab nehmen, die ihr Vater benutzte, Worte, die im täglichen Leben Verwendung fanden, bevor das Englische mit seinem sterilen Klang und seinen Doppelbedeutungen in unsere Welt und unsere Sprache eingedrungen ist. Was man in Lakota sagt, ist wörtlich zu nehmen. In Englisch kann man das Gegenteil dessen sagen, was man meint, oder sarkastisch und boshaft sein. Was man in Lakota sagt, kann man für bare Münze nehmen, es sei denn, jemand steht in dem Ruf, es mit der Wahrheit nicht so genau zu nehmen. »*Owewak 'ak 'a s'a*«, »sie schwindelt«, würde man sich heimlich zuraunen. Niemand käme auf den Gedanken, sie der Lüge zu bezichtigen. Man würde ihr zuhören, als wäre es die Wahrheit, und das, was sie sagt, im Licht dieser Wahrheit abwägen. In Lakota ist alles Schwarz oder Weiß, unerfreulich oder erfreulich, indirekt oder direkt, respektlos oder respektvoll. Im Englischen gibt es viele Abstufungen und Zwischentöne, die überwältigend für jemanden mit einer anderen Muttersprache sein können.

Ich hatte bis ins Erwachsenenalter mit der Aussprache bestimmter englischer Worte zu kämpfen. In den drei Jahren, die ich in einer staatlichen Schule im Reservat verbrachte, konnte ich mir lediglich ein oberflächliches Wissen aneignen. Damals stolperte meine Zunge über die fremden Worte. Ich sprach flach und ohne Gefühl.

Ich konnte meine Stimme nicht an Tonfall und Tonhöhe anpassen, und ich hasste beides. Aus reinem Selbstschutz gewöhnte ich mir an, »Ich weiß nicht« zu sagen, so zögernd und abwägend wie möglich. Ich benutzte diese drei magischen Worte, um Fragen gleich welcher Art zu beantworten: »Ich weiß nicht.« Bis mich mein Bruder eines Tages verärgert in Lakota anfuhr: »Sag nie wieder ›Ich weiß nicht‹, denn ich weiß, dass du es weißt!« Obwohl ich wusste, dass ich meinem älteren Bruder Respekt schulde, trieb mich der widerspenstige Teil meines Selbst dazu, zögernd und abwägend in Lakota zu erwidern: »Dann weißt du mehr als ich!«

Es gibt in der Lakota-Sprache Worte, die seit Anbeginn der Zeit Teil unseres Lebens waren, Worte wie *cate*, Herz, *ableza*, Wahrnehmung, oder *olowa*, Gesang. Mit diesen Worten bringen wir zum Ausdruck, dass wir etwas von ganzem Herzen tun oder nicht mit dem Herzen dabei sind. Alle unsere Gefühle – Glück, Freude, Ungeduld, Trauer, Wut, Rachsucht, Kummer und Liebe – finden in Formulierungen ihren Niederschlag, die das Wort *cate*, Herz, enthalten.

Es fasst unsere Identität als Volk zusammen. Es offenbart unsere Sehnsüchte. *Cate awaciya*, mein Herz sehnt sich danach, heißt es bei uns. Am liebsten ist mir ein Ausdruck, den ich immer wieder von Kah-Kah und Mom-mah gehört habe: *Catemat'iiza*, was bedeutet: mein Herz ist stark, ich bin mutig. Sie hatten Mut, großen Mut, obwohl sie alles verloren, was sie liebten: ihre Sprache und ihre alte traditionelle Lebensweise. Doch sie behüten, was sie bewahren konnten, mit starkem Herzen.

Wir sind ein Volk, das mit seiner weiblichen Stimme sagt: »*Ableza ye!*«, »Versuche zu sehen und wahrzunehmen!« oder »*Awableza*«, »Sei achtsam!« Solche Worte sind sehr wichtig. Mein Großvater und meine Mutter sind sehr beredt in Lakota. Mein Großvater weigerte sich, mehr Englisch zu sprechen als unbedingt nötig. Meine Mutter akzeptiert Englisch als ein notwendiges Mittel, um sich in der Welt zu behaupten, doch die Sprache ihrer Wahl, die Sprache, die sie liebt, ist Lakota. Sie benutzten die englische Sprache nur dann, wenn sie dazu gezwungen waren, und in Folge dieser Ablehnung sah ich mich gezwungen, beide zu lernen.

In einer Unterhaltung kommen meiner Mutter die alten Lakota-Worte mühelos über die Lippen, Worte, die ich leise für mich wiederholen muss, bis sich meine Zunge und Kehle an die gutturale Sprechweise, den Tonfall und das Gefühl gewöhnt haben, dass ich die Sprache nie so fließend beherrschen werde wie sie. Heimlich schreibe ich die alten Worte auf, habe Angst zu fragen, was sie bedeuten, habe Angst, das in mich gesetzte Vertrauen zu verlieren, wenn ich es täte. Sie glaubt, dass ich alle Worte kenne und behalten werde, die in ihrem Haus gesprochen wurden, Worte, mit denen sie und ihr Vater ein Leben beschrieben, das ich nie kennen lernen werde. Ich bin versucht zu sagen: »Ich weiß nicht, ich weiß nicht, ich weiß nicht!«

Eines Tages erzählte sie mir: »Sie geben uns unsere Sprache zurück. Sie darf wieder unterrichtet werden.« Ich wartete auf das *Aber*, das die Kundigen immer vorbringen, wenn sie mit den Unkundigen reden. Ich kenne meine Mutter und warte, bis sie sich ein endgültiges Urteil gebildet hat. Sie ist weise im alten, überlieferten Sinn: Sie weigert sich, verfrüht Stellung zu beziehen, diese neue Bewegung zum Erhalt unserer Sprache gut zu finden oder abzulehnen. »Allerdings«, fährt sie fort, ein *Aber* in abgewandelter Form, »allerdings gibt es einige Vertreter dieser Bewegung, die ihr Wissen aus dem Wörterbuch beziehen und offenbar die verschiedenen Mundarten durcheinander bringen. Sie verwechseln d und l.« Sie meint Dakota- und Lakota-Dialekt: Die Dakota, die im Osten beheimateten Sioux, sprechen ein D, wo die Lakota ein L sagen. Es gibt nur noch wenige, die mit der alten Sprache vertraut sind und sie meisterhaft beherrschen. Sie selbst zählt sich nicht dazu.

Einmal sagte sie zu mir: »Die Religion des Weißen Mannes ist schwach. Er betet nur sonntags. Vergiss das nicht! Unsere Religion ist dagegen stark und sie bewirkt noch mehr, wenn du von ihrer Stärke überzeugt bist. Bete wie wir. Wir beten jeden Tag und jeden Augenblick, in dem wir daran denken.« Ich hörte sie oft schon bei Sonnenaufgang beten, nachdem sie den Tee aufgesetzt hatte.

Ihre Gebete reichen weit über Zeit und Raum hinaus. Sie spricht die alten Worte, bedächtig und voller Zuversicht: »*T'ukasila*, Großer Vater, sei barmherzig. Lass dein Auge mit Wohlgefallen auf uns ruhen. Begleite uns, was immer wir auch tun. Großer Vater, behüte meine Kinder auf all ihren Wegen. Denn dieser Tag, den wir begehen, ist dein. Ich bete und bitte dich um Schutz für alle meine Anverwandten.«

Wenn sie in der stillen Küche betet, während der Tee auf dem Gasherd vor sich hinköchelt, ist ihre äußere Haltung demutsvoll: die Hände ruhen in ihrem breiten Schoß, der Kopf ist gebeugt und leicht zur Seite geneigt. Doch ihre innere Haltung straft die Worte des Gebetes Lügen. Sie ist kein fügsamer Mensch. Sie ist stark wie die Erde selbst, die weiterlebt, auch wenn der Tod sie allenthalben umgibt. Auch wenn alles zerbricht und zerfällt, wird sie ein Fels in der Brandung sein.

Ihre leisen Gebete haben immer den gleichen Wortlaut. Jeden Morgen, bevor alle anderen aufstehen, vergewissert sie sich, dass sie gehört werden. Sie vergewissert sich, dass *T'ukasila*, der Große Vater, sich an ihre Gegenwart erinnert, wenn Er die Erde an jedem neuen Tag aus ihrem Dämmerschlaf weckt. Sie erinnert Ihn in der alten Sprache, dass wir noch auf der Welt sind, dass die Worte, die Er uns gegeben hat, noch mit Dankbarkeit gesprochen werden. Sie bittet stets um Schutz für andere und um Erbarmen für sich selbst, sie, die wie ein Fels in der Brandung in der Küche sitzt, die Hände in ihrem breiten Schoß, unverrückbar und unverändert. Es heißt, was man für andere wünscht oder erbittet, wird einem selbst gegeben. Ich sehe diese Wahrheit bei ihr. Sie bittet um Schutz für das Leben anderer und lebt, während diejenigen, für die sie jeden Morgen, jede Minute des Tages betet, sterben.

Wenn ich diese Worte aus ihrem Mund höre, wünsche ich mir, ich wäre gleichermaßen beredt. Ich möchte sein wie sie. Ich möchte mich an die alten Worte erinnern, an den Klang des Namens, der mir gegeben wurde, *Hoka Wi,* Dachsfrau; das bin ich. Ich möchte die alten Worte aufschreiben, den Stolz bewahren, mit dem sie auf ihre *tihawe* verweist, ihre Ursprungsfamilie. Sie redet ihre Brüder ehrerbietig an: den jüngeren Bruder nennt sie *misu* und den älteren *tiblo.* Sie ist das einzige weibliche Wesen in einer Familie, die nur noch aus fünf Männern besteht. *Wiya Isnala* lautet ihr indianischer Name: Einzige Frau. Das ist sie in Kah-Kahs Familie.

Ich bin nicht so selbstbewusst wie sie und verzichte auf eine so ehrerbietige Anrede für meinen jüngeren und älteren Bruder. Nicht, dass ich sie vergessen hätte: Ich habe nur nicht gelernt, mich wohl zu fühlen, wenn ich sie ausspreche. *Ate* nennt sie ihren Vater und *Ina mitawa ki he* ihre Mutter. Ihre Verwandten haben zwei Mal die Verwandtschaftsverhältnisse verändert. Ich bemühe mich, alles aufzuschreiben, was sie mir erzählt. »Man sollte wissen, mit wem man verwandt ist«, sagt sie. Dieses Wissen ist wichtig, um die Reinblütigkeit zu erhalten, denn früher waren Heiraten unter Verwandten, wie entfernt auch immer, tabu. Sie wollte, dass auch ich solche Dinge weiß.

Sie wollte, dass ich weiß, wer meine Cousins und Cousinen sind. Eine Cousine nenne ich *cep'asi* und einen Cousin *sicesi.* Ich habe gehört, wie liebevoll und ehrerbietig meine Mutter diese Worte benutzt. *T'oza* nennt sie ihre Nichten und *t'oska* ihre Neffen. Ich versuche zu sein wie sie und alles in meiner Erinnerung zu bewahren, was unsere alte Lebensweise und unsere alte Sprache betrifft: Dieses Wissen ist unabdingbar und verhindert, dass ich meine Identität verliere, dass ich in tausend Scherben zerspringe. Ich möchte sein wie sie, ein Fels in der Brandung. Ich möchte in demutsvoller Haltung beten, während ich in meinem Innern stark bin wie die Erde. Ich versuche, noch geduldiger darauf zu warten, dass der Morgen dämmert, die Zeit für das erste Gebet. Wenn ich nicht aufschreibe, woran ich mich erinnern möchte – die alten Worte und die Verbundenheit, die sie mit allem schaffen, was ist –, werde ich die Dinge vergessen, an die ich mich erinnern sollte, und sie werden nach und nach vom Erdboden verschwinden wie der Tau.

Wasicuia ya he? Sprichst du Englisch?

In der siebten Klasse wechselte ich von der staatlichen Schule in eine kleine Klosterschule über, die von den Nonnen des Notre-Dame-Ordens geleitet wurde. Trotz aller Unzulänglichkeiten gelang es ihnen, mehr oder weniger ehrenamtliches weltliches Lehrpersonal zu finden, das interessiert daran war, uns etwas beizubringen. In dieser Schule, deren schmucklose weiße Gebäude sich in einer schmalen Talsenke aneinander schmiegten, lernte ich lesen, schreiben und endlich Englisch sprechen.

Die Schule hatte ein so genanntes Sprachlabor. Es handelt sich dabei um einen Trailer mit schmalen Kabinen. Dort lernten wir nicht aus Büchern, sondern anhand von Videofilmen, die in der abgedunkelten Kabine gezeigt wurden, und nach jeder Lektion galt es eine Reihe von Fragen zu beantworten. Dort zogen die Sätze in einer Geschwindigkeit vorüber, die ich selbst bestimmen und daher lesen konnte. Sie ließen sich erst dann zurückspulen und noch einmal anschauen, wenn ich die Fragen am Ende der Lektion beantwortet hatte. Ich fühlte mich wohl in dem abgedunkelten Raum, genoss die Stille und die Möglichkeit zu lernen, ohne dass mir jemand über die Schulter blickte.

Ich erinnere mich an eine Mitschülerin, die jeder Arbeit aus dem Weg ging und auch noch stolz darauf war. Eines Tages trödelte sie beim Verlassen des Sprachlabors und nahm mich zur Seite, um mir die Blätter mit den Lösungen der Aufgaben zu zeigen; sie lagen in einem Ordner, der hinten in einem Spind versteckt war. Vermutlich weihte sie mich in ihr Geheimnis ein, weil sie meine Freundschaft suchte. Wir waren bis zum Ende der High School unzertrennlich. Ich versuchte, über ihre Unzulänglichkeiten hinwegzusehen, vor allem über ihre Neigung zu schummeln. Damals war ich eher bereit als heute, Menschen so zu akzeptieren, wie sie sind. Ich blieb bei der mühevollen Methode, aus den eigenen Fehlern zu lernen. Ich zwang mich zu dem Versuch, eine Sprache zu verstehen, die ich zu Hause nicht benutzte, die zu benutzen ich Hemmungen hatte, die ich nie ganz begreifen werde.

Ich lernte mehr in der kleinen Klosterschule als in der staatlichen Schule, die ich von der vierten bis zur sechsten Klasse besucht hatte. Die staatliche Schule verfügte zwar über alle modernen Hilfsmittel für den Unterricht, war jedoch starr in ihren Strukturen, steril und irgendwie innerlich hohl. Es gab dort Schreibtische, Stühle, Tafeln und Bücher im Überfluss, doch es fehlte etwas, das ich erst dann benennen konnte, als ich eine Vergleichsmöglichkeit hatte: Die Schule besaß alles, was zum Schulbetrieb gehört, nur nicht, dass die Schüler mit Herz und Gefühl unterrichtet wurden wie in der katholischen Schule.

Zwischen der staatlichen Schule und dem hellen Klassenzimmer im ländlichen Nebraska, das ich verlassen hatte, lagen Welten. Es gab keine parfümierten, geschminkten Lehrerinnen, die Schneeflocken und Valentinsgeschenke ins Fenster hängten. Es gab keine tägliche Ermahnung, »die kleinen grauen Zellen einzuschalten«, und keine täglichen Lese- und Rechtschreibübungen. Es gab keine Bibliotheken und keine Musikstunden. In der staatlichen Schule waren Lehrer beschäftigt, die das Ruhestandsalter längst überschritten hatten und im Unterricht einnickten, Lehrer, denen die Ordnung im Klassenzimmer wichtiger war als die Vermittlung von Lerninhalten. Sie waren bemüht, die Schüler während des Unterrichts an ihren Platz zu verweisen und ihnen nach dem Unterricht aus dem Weg zu gehen. Ich kann mich nicht erinnern, in der staatlichen Schule auch nur ein einziges Mal ein paar persönliche Worte mit einem Lehrer gewechselt zu haben. Was ich dort lernte, ist mir bis heute in Erinnerung geblieben. Ich lernte, mich zu schämen, wenn sie mit spitzen Fingern unsere Haare auf Läuse untersuchten. Ich lernte, zu schweigen und mich zu ducken, während ich in der Reihe stand und zusah, wie ein Lehrer ein Mädchen an den Haaren zog, das sich nicht ordnungsgemäß aufgestellt hatte. Ich lernte, handgreiflich zu werden, weil wir ein Ventil für unsere fehlgelenkte Energie brauchten und unsere Frustrationen an Mitschülern ausließen. Ich lernte dort weder Lob noch Bestätigung kennen, nur Argwohn und Misstrauen.

Dessenungeachtet hatte ich einen Lieblingslehrer in der staatlichen Schule, die unter der Leitung des Bureau of Indian Affairs stand. Ein Schwarzer, *ha sapa* in der Sprache meines Volkes. Er war der erste und einzige Schwarze, den ich während meiner Kindheit zu Gesicht bekam. Meine Welt bestand damals ausschließlich aus Lakota und *wasicu*, Weißen. Der schwarze Lehrer war mit seiner Frau, seinem Sohn und seiner Tochter in unser Reservat gekommen. Die drei hatten es jedoch nicht ausgehalten und waren gegangen; er blieb. Ich weiß, wie er sich als einziger Schwarzer in unserer Mitte gefühlt haben muss: Ich war jahrelang die einzige »Indianerin« im Klassenzimmer, als wir noch in Nebraska auf dem Land wohnten.

Ich mochte ihn, weil er mein erster Lehrer im Reservat war, und das erste Schuljahr genoss ich von Anfang bis Ende. Ich genoss es, weil ich zum ersten Mal in meinem Leben nicht die einzige »Indianerin« im Klassenzimmer war. Meine Mitschüler waren genau wie ich. Ihre Haare, Haut und Augen hatten die gleiche Farbe. Sie sprachen das gleiche Englisch, einige besser als andere. Ich war glücklich, wenn ich meine Freunde, Cousins und Cousinen und die anderen Schüler ansah. Sie hatten Familien wie meine, hausten in ärmlichen Wohnhütten wie meine, waren *miye s'e*, genau wie ich. Endlich fühlte ich mich zugehörig.

Dieser Eindruck wich jedoch bald der Erkenntnis, dass der äußere Schein trügt und selbst das schönste Gefängnis ein Gefängnis bleibt. Solange wir im Reservat lebten, waren wir der ständigen Aufsicht und Bevormundung durch eine Regierung ausgesetzt, die uns wie unmündige Kinder behandelte und unseren Sorgen mit Gleichgültigkeit begegnete. Die Isolation ließ uns verstummen und verzweifeln; manche suchten Vergessen im Alkohol, andere verloren darüber den Verstand. Wir Kinder hatten wenigstens die Schule, die uns ablenkte, während sich die Erwachsenen einem trostlosen Leben gegenübersahen, tagaus, tagein. Mein Vater verließ das Reservat, genau wie andere Väter und einige Mütter; dort gab es nichts, was sie hielt. Nur die Geduldigen harrten aus, die Alten, die Kinder und die wenigen, die sich an die traditionelle Lebensweise klammerten und Trost in der Landschaft, der Sprache und den gelegentlichen Powwows oder Tanz-Zeremonien fanden, mit denen man ein wichtiges Ereignis beging. Für alle anderen waren das Reservat und seine Schulen ein schwarzes Loch, in dem die Energie allmählich versickerte. Als ich die staatliche Schule nach der sechsten Klasse verließ, war ich nur noch ein Schatten der munteren kleinen Viertklässlerin, die es nicht mehr abwarten konnte, in der Pause nach draußen zu laufen und zu spielen. Ich war stumm und streitsüchtig geworden, aber ich verzweifelte nicht.

Ich hatte die Freiheit außerhalb des Reservats kennen gelernt und wusste, dass ich mich in Geduld üben musste: Eines Tages würde ich gehen und finden, wonach ich suchte. Ich war bereit für Erfahrungen, die mir meine Identität zurückgeben würden. Bis dahin wollte ich innerlich stark werden, wollte meine geistigen Fähigkeiten nutzen. Ich konnte in dieser kritischen Phase nach vorn blicken oder resignieren, wie viele andere. Manche unternahmen einen Selbstmordversuch, andere verfielen dem Alkohol und wieder andere brachen die Schule ab, um ihren Eltern zu folgen, egal wohin, nach Denver oder Minneapolis, nur um dem demoralisierenden Einfluss der staatlichen Schulen zu entkommen. Ich gehörte nicht zu den Schülern, die in einer bestimmten Sportart Spitzenleistungen erbrachten, um so meine überschüssige Energie loszuwerden. Ich war immer ein Mensch, der viel nachdachte, und Bücher hätten mir vielleicht Trost gegeben. Doch es gab keine Leihbibliothek und auch keinen Musik- oder Kunstunterricht: Solche Annehmlichkeiten wurden in der staatlichen Schule nicht geboten.

Die einzige Musik in der staatlichen Schule, an die ich mich erinnere, kam aus der Vorschulklasse des Kindergartens, in dem eine verkalkte Lehrerin vor sich hinsang. Ihr Lieblingslied war *Somewhere over the rainbow* aus *Der wunderbare Zauberer von Oz*. Wenn ich es heute höre, sehe ich wieder die hoch gewachsene grauhaarige Frau vor mir; sie schien das zufriedenste Mitglied im gesamten Lehrkörper zu sein, vielleicht weil sie ziemlich senil war. Sie trällerte auch dann vor sich hin, wenn sie in das Büro des Rektors ging. Wenn sie nicht sang, machte sie ein Nickerchen.

In der vierten Klasse hatten wir noch einen Lehrer, der Musik mochte, der große Schwarze, der mit seiner volltönenden Baritonstimme Gospels sang, wie *Nobody knows the trouble I've seen*. Da wir wussten, dass er uns nicht bestrafen würde und der Einzige war, der Sinn für Humor besaß, spielten wir ihm so manchen Streich. Wenn er eines seiner Lieblingslieder anstimmte, was häufig geschah, lehnte er sich in seinem Stuhl hinter dem Pult zurück, schloss die Augen und vergaß die Welt ringsum. Ein Mitschüler schlich sich dann von hinten an und tat, als poliere er mit dem Schwamm die kahle Stelle auf seinem Hinterkopf, im Takt zur Melodie. Nach ein paar Strophen hielt er unverhofft inne, öffnete die Augen und sah, wie wir kicherten. Dann griff er blitzschnell nach hinten, um zu sehen, wer der Übeltäter dieses Mal war. Seine Lieder durchbrachen die Monotonie der endlos langen Tage, die wir an unseren Schreibtischen verbrachten. Er wusste, dass wir zuhörten und in das Lied einstimmten, wenn er sang, weil wir spielerische Abwechslungen in jedweder Form begrüßten. Ich mochte ihn, weil er uns in seinem Unterricht gestattete, Kinder zu sein.

In meiner alten Schule in Nebraska hatte es vieles gegeben, was ich in der staatlichen Schule im Reservat schmerzlich vermisste. Ich vermisste den Geruch neuer Bücher, der natürlicher Bestandteil meines früheren Schulalltags gewesen war; den hellen Klang der Triangel, wenn die Lehrerin eine Note anschlug, um unsere Aufmerksamkeit auf den Musikunterricht zu lenken; den Kunstunterricht am Freitagnachmittag, in dem wir Kaugummi kauen durften, während wir ohne Eile und ständige Aufsicht an einem Kunstprojekt arbeiteten. Irgendwo auf dem Weg zwischen meiner alten und meiner neuen Schule war entschieden worden, dass Bücher, Musik und Kunstunterricht nicht mehr wichtig seien, ich wusste es jedoch besser und vermisste sie. Ich werde nie vergessen, wie mir mein älterer Bruder zum Geburtstag einen Zeichenblock und Zeichenkohle schenkte. Ich fühlte mich in die erste Klasse und das sonnige Klassenzimmer in Nebraska zurückversetzt, als ich mich mit einem großen leeren Blatt und einer neuen Schachtel Zeichenkohle hinsetzte und zu malen begann. Solche Freiheiten gab es nicht in der staatlichen Schule.

In der katholischen Schule lernte ich schon im ersten Jahr Haydn, Bach und Mozart kennen. Die Musiklehrerin, die von den Nonnen für fünfzig US-Dollar im Monat plus freie Kost und Logis eingestellt worden war, brachte einen uralten Plattenspieler mit, legte klassische Musik auf und empfahl uns, den Kopf auf den Schreibtisch zu legen und entspannt zuzuhören. Papa Haydn gefiel mir am besten. Als Schülerin der siebten Klasse war ich groß genug und konnte auch ohne staatliche Bevormundung beurteilen, was ich lernen, welche Erfahrungen ich machen sollte und wie viel Freiheit ich haben wollte und brauchte, selbst wenn es sich dabei um eine Schachtel mit Zeichenkohle und ein leeres Blatt Zeichenpapier handelte.

Meine Lehrerin, eine Frau in den Dreißigern mit schütterem Haar, gab uns Bücher und Musik – aber keinen Kunstunterricht. Ihre Spezialität waren Literatur, Musik und Schulaufsätze. Ich schrieb meine erste Kurzgeschichte für sie. Sie handelte von einem Ghetto, in dem ein Junge an einer Überdosis starb, der seiner Mutter versprochen hatte, sich von Drogen fern zu halten. Seine letzten Worte waren an seine Mutter gerichtet und sie lauteten: »Es tut mir Leid.« Die Überschrift der Geschichte lautete »Das gebrochene Versprechen«. Ich erinnere mich deshalb so gut daran, weil ich von meinem älteren Bruder ein Buch über einen Jungen, der im Ghetto aufgewachsen war, heimlich ausgeliehen und gelesen hatte.

Damals war ich wie ein leeres Gefäß, das aufnahm, was man an Wissen in mich hineinstopfte. Damals wurde mir auch bewusst, dass es in meiner Macht lag, alles in mich hineinzustopfen, was mir zusätzlich interessant erschien. Ich »lieh« mir die Bücher meines Bruders aus, sobald sich eine Gelegenheit bot. Ich las heimlich über Hiroshima, hatte Albträume, in denen meine Haut dahinschmolz wie Butter, bevor ich sterben konnte. Damals hielt ich mir die Ohren zu, wenn die Abendnachrichten kamen, weil ich nicht hören wollte, wie viele Menschen an diesem Tag in Vietnam gestorben waren. Es war eine Zeit der Angst, als ich in die siebte Klasse ging, in Kniestrümpfen und Kleidern, deren Saum zweieinhalb Zentimeter unter dem Knie endete, und das Gefühl hatte, die Welt, die ich aus meinen heimlich gelesenen Büchern kannte, sei viel interessanter, aber auch bedrohlicher als meine eigene.

In jener Klosterschule in der schmalen Talsenke mit den hohen Pappeln, Apfelplantagen und Statuen der Jungfrau Maria fand ich die Freiheit, Dinge zu genießen, die mir seit jeher einen gewissen Trost gespendet haben: Bücher, Musik und die Malerei. Ich war nun in der Lage zu lernen, zu lesen und orthographisch fehlerfrei zu schreiben; *Owagahnige*, ich hatte verstanden. Ich konnte mich außerdem auf spielerische Art mit meinen Lehrern unterhalten. Die Lehrer in der katholischen Schule waren keine Staatsdiener, sondern Menschen aus Fleisch und Blut. Sie stellten der Schule ihre Fähigkeiten zur Verfügung, um ihrer

Kirche zu dienen, und sie standen mit beiden Beinen im Leben.

In der zweiten Klasse erhielt ich dort endlich einen Lehrer, der Kunstunterricht erteilte. Er wurde mein Mentor und nahm mich unter seine Fittiche wie früher mein älterer Bruder, der keine Zeit mehr für mich hatte. Mein Bruder hatte seine Freundin aus der High School geheiratet und das Elternhaus verlassen, um aufs College zu gehen. Dieser Lehrer, der mit seinem Kind und seiner Frau von der Ostküste, aus Schenectady, New York, zu uns gekommen war, nahm seine Stelle ein. Er nannte mich *wanahca*, was Blume oder Blüte bedeutet, und er förderte und hegte mich wie ein umsichtiger Gärtner seine Pflanzen, ähnlich wie es mein älterer Bruder auf seine Weise getan hatte.

Mein Freund und Mentor brachte mir viele Dinge bei, am meisten lernte ich jedoch, wenn ich beobachtete, wie er seine schöpferische Energie entfaltete. Er schien dabei aus einer inneren, nie versiegenden Quelle zu schöpfen. Oft zog er mit leeren Händen los und kam mit einem Kunstwerk zurück, einem Aquarell, einem Gedicht, einer Geschichte oder einem trockenen Stück Holz, das er gefunden, gereinigt und versiegelt hatte. Wenn er seine kreativen Neigungen auslebte, erzeugte er immer etwas Greifbares, das er weitergeben oder weitervermitteln konnte. Er gab mir viele Dinge und am wichtigsten war die Zeit, die er mir schenkte, Zeit für Gespräche.

Ich fand es wunderbar, in seiner Wohnküche zu sitzen und mich mit ihm auszutauschen. Er war ein guter Zuhörer. Wann immer ich vor seiner Tür auftauchte, bat er mich herein, um sich mit mir zu unterhalten. Das Haus, das er mit Frau und Kind bewohnte, hatte zwei Schlafzimmer und eine große Wohnküche. Mit der Couch, einem Sessel, einem Küchentisch und vier Stühlen war der Raum gerammelt voll. Am meisten liebte er seine Bücher und seine Schallplatten, die sich überall stapelten. In meinen Augen war er reich, denn er besaß viele schöne Dinge, auf die ich später bei der Einrichtung meines eigenen Hauses ebenso großen Wert legte.

Er brachte mir noch etwas Wichtiges bei, auch wenn keiner von uns beiden es damals erkannte. Er brachte mir die englische Sprache nahe, direkt und aufrichtig, wie es seiner Art entsprach. Er verbrachte Zeit mir mir, Zeit, die kein *wasicu* jemals für mich gehabt hatte. Ich bewunderte seine Fähigkeit, anders geartete Menschen vorbehaltlos zu akzeptieren. Er war der Ansicht, dass die Unterschiede im Leben der Lakota und irischen Katholiken nicht so groß seien. Er war in Irland gewesen, in dem Irland, das James Joyce in seinen Büchern beschrieben hatte. Er hatte sogar die Gemeinsamkeiten aufgelistet, die zwischen der Behandlung der Indianer in Amerika und der irischen Katholiken in ihrer irischen Heimat bestanden. Er sprach über Unterdrückung und ähnliche Begriffe, die ich nie zuvor gehört hatte. Ich verstand erst nach seinem Tod, viele Jahre später, was er mir über sein Volk und meines begreiflich zu machen versucht hatte. Ich wünsche mir oft, ich könnte die Zeit zurückdrehen und wieder in seiner Wohnküche sitzen, mit dem Verständnis von heute, um ein echtes Gespräch mit ihm zu führen.

Ich erinnere mich an die Nonnen, unter deren Leitung die Klosterschule stand. Einige waren in Waisenhäusern aufgewachsen, bevor sie in den Orden eingetreten waren, und hatten in der Kirche eine Ersatzfamilie gefunden. Sie sorgten für eine gesunde Ernährung, erteilten Religionsunterricht und zelebrierten die Messe für sich allein, wobei ihnen der Papst über die Schulter lugte. Mir imponierte ihr klarer Verstand, ihre praktische Veranlagung und ihr friedvoller Glaube. Ich respektierte sie und wäre in meinem tiefsten Innern gerne eine von ihnen gewesen, mit der Freiheit zu sein, was sie waren: Lehrerin, Köchin, Verwalterin oder was immer ihnen vorschwebte. Mir gefielen ihre Gottesdienste, die Ausübung eines Glaubens, der nicht verlangte, dass man in fremden Zungen redete oder entrückt tanzte. Mir gefiel die Stille in ihrer malerischen Kirche und die Art, wie der Priester das Brot brach und sagte: »Herr, ich bin nicht würdig, dich zu empfangen, aber sprich nur ein Wort, so wird meine Seele gesund.«

Ich hatte die Nonnen nicht immer gemocht. Ich erinnere mich, wie meine Cousine und ich an ihre Pforte geklopft hatten, bevor ich ihre Schule besuchte. Ich sehe noch das Gesicht der Schwester Pförtnerin vor mir. Ihren klaren weißen Teint und ihre roten Wangen. Ihren Kopf unter der Ordenstracht und die Augen, die uns durch die randlose Brille musterten. Meine Cousine hatte geklopft. Ich stand hinter ihr; das Herz schlug mir bis zum Hals. Ich wusste nicht, ob ich lange genug auf der Schwelle ausharren oder davonlaufen und mich verstecken würde, bevor sich die Pforte öff-

nete. Meine Cousine, ungefähr im gleichen Alter wie
ich, wartete, ohne eine Miene zu verziehen. Ihre Ruhe
und Selbstsicherheit waren tröstlich für mich. Wir waren eng miteinander befreundet, trotz der Gegensätze.
Ich konnte meine Gefühle nicht verbergen und war immer auf dem Sprung. Sie bewahrte in jeder Situation
Ruhe, Gelassenheit und eine ausdruckslose Miene.
Alle behaupteten, dass wir uns ähnlich sähen. Ich war
anderer Meinung. Wir hatten beide lange Haare. Wir
waren beide schmächtig und wirkten bisweilen nach-
denklich, doch unsere Gesichter unterschieden sich
grundlegend voneinander. Sie war durch und durch
Lakota, während man mir den französisch-indiani-
schen Mischling ansah. Mein Kinn war zu spitz und
meinen Augen zu ausdrucksvoll.
An dem Tag klopfte meine Cousine auf Bitten einer
älteren Frau an die Pforte der Nonnen, einer Verwandten, die in Not war. Ihr Mann hatte sie des Hauses ver-
wiesen, und als sie gegangen war, hatte sie ihren Sohn
zurücklassen müssen. Sie fand mal hier, mal dort
Unterschlupf, war einsam und immer hungrig, wie
Iktomi. Sie wartete hinter einer hohen Pappel, die sie
verbarg. Meine Cousine sollte den Nonnen nicht nur
sagen, dass wir Hunger hatten, sondern ausdrücklich
ein Käse-Sandwich verlangen. Ich hasste Weißbrot mit
Käse.
Als eine der Nonne die Pforte öffnete, blickte sie uns
forschend an. »Ja bitte?«, fragte sie. Ich trat einen
Schritt zurück und meine Cousine sagte: »Können wir
ein Käse-Sandwich haben?« Mir brach der Schweiß
aus, ich wurde rot und fühlte mich unbehaglich. Ich

wollte kein Käse-Sandwich. Ich wollte wissen, wie es im Kloster aussah. Sie waren für mich ein Rätsel, die Nonnen und Priester, die wir *sapu* nannten, die, die Schwarz tragen. Ich war nicht katholisch. Ich war als Kind von Angehörigen der Episkopalkirche getauft worden, von denen, die Weiß tragen. Ich wusste nichts über die Nonnen und war neugierig. Ein paar Jahre später hatte ich Gelegenheit, mir genau anzusehen, wie es in einem Kloster aussah, aber als wir an jenem Tag vor der Pforte standen, bot sich mir zum ersten Mal in meinem Leben die Gelegenheit, eine Nonne aus der Nähe zu betrachten. Ich war überrascht, wie jung sie wirkte, wie ungeduldig und menschlich, als sie unvermittelt sagte: »Augenblick«, und verschwand. Binnen weniger Minuten kehrte sie mit zwei Käsebroten zurück. Sie drückte sie uns in die Hand und schickte sich an, die Pforte zu schließen. Meine Cousine drehte sich um, nachdem sie sich bedankt hatte. Ich stand wie angenagelt da, als wäre mir ein Geist erschienen. Ich erwartete, dass mir etwas Schreckliches widerfahren würde, aber nichts geschah. Ich hatte nur eine Begegnung gehabt, mit der ich nicht gerechnet hatte. Sie war ein Mensch wie wir, die Nonne, die uns die Pforte geöffnet hatte. »Wie wär's, wenn Sie den beiden in Zukunft etwas kochen!«, rief sie der Frau zu, die sich hinter dem Baum versteckt hatte. Wenn ich damals genug Selbstvertrauen gehabt hätte, um Englisch zu sprechen, hätte ich der Nonne von der Frau erzählt, die uns zum Betteln geschickt hatte. Ich hätte die Nonne gefragt, ob es sich für eine Christin geziemte, jemanden, der Hunger litt, zum Kochen aufzufordern. Ich

170

hätte sie aus der Pforte herausgeschleift, aus der Abgeschiedenheit des weitläufigen weißen Gebäude, das sie Kloster nannten, die tadellos gepflasterte Straße entlang bis zu dem Unterschlupf, den die Frau gefunden hatte, in einer der Wohnhütten, in denen wir alle hausten. Ich hätte ihr vor Augen geführt, wie wir lebten und dass amerikanischer Käse und Weißbrot ein unbeschreiblicher Luxus für die meisten von uns waren. Doch ich stand reglos auf der Schwelle und starrte auf die Pforte, nachdem sie geschlossen und die Nonne gegangen war. Ich fragte mich, wie ich ihr diese Dinge sagen könnte, wie ich ihr begreiflich machen könnte, was sie über uns wissen sollte. Damals wagte ich es noch nicht, Englisch zu sprechen.

Die Stimme der Trommel

In unserer Kultur ist das Wort *olowa* beinahe heilig: Es bedeutet Lied oder ritueller Gesang. In unserer Kultur ist die Musik alles. Genauso, wie wir unsere Stimmen im täglichen Gebet erheben, erheben wir sie im täglichen Gesang. Männer und Frauen stimmen gleichermaßen Ehrengesänge, Liebeslieder und Totengesänge an. Ich habe sie gehört und in meinen Träumen gesungen. »Ich werde singen, um mein Herz zu erfreuen«, pflegte mein Großvater Kah-Kah zu sagen. Wenn wir die Lieder und Gesänge hören, die in unserem tiefsten Innern leben und an die Oberfläche dringen, fühlen wir uns in Harmonie mit allem, was ist. Unsere Gesänge sind eng mit unseren Träumen verwoben. Manchmal kommen sie in Träumen zu uns und begleiten uns in jeder wachen Minute, Gesänge, die unsere Verwandten mit unserer Identität verknüpfen, die uns allein gehören und die es auch dann noch geben wird, wenn wir nicht mehr sind. Durch sie leben wir weiter.

Ich erinnere mich an eine Tante und ihren Mann, die mich eines Tages vor eine *cacega*, eine Trommel, setzten. Sie sagten, sie würden mir beibringen, wie man sie schlägt und wie man dazu singt. Außer mir wählten sie noch sechs oder sieben andere Mädchen aus, einschließlich ihrer jüngsten Tochter, und wir mussten im Kreis Platz nehmen. Dann verteilten sie Trommelstöcke. In dem Kreis, der aus Klappstühlen gebildet wurde, gab es zwei Ehrenplätze: Der eine war für meinen Onkel, der bei dem Gesang die Führung übernahm, der andere für meine Tante, die die zweite Stimme sang. Wir sieben Mädchen nahmen dazwischen Platz und sollten den Gesang mit unseren jungen Stimmen abrunden. In unserer Kultur versuchen wir immer, den Kreis zu schließen. Jeder findet in ihm einen Platz. »Hel iyotaka ye«, »setz dich dorthin«, würde jemand mit weiblicher Stimme sagen. Wir schließen den Kreis, vor allem rund um die Trommel. Wenn man eine Lücke sieht, nimmt man den Trommelstock, setzt sich und stimmt in den Gesang ein. »Hel op'a ye«, »mach mit, nimm teil«, würde jemand sagen. So sind wir – wir schließen den Kreis, vor allem rund um die Trommel.

Unsere Gruppe, die ausschließlich aus jungen Mädchen bestand, war ein Einfall meiner Tante, ein einzigartiger Einfall. Wir nahmen eines Tages die Schlägel in die Hand, die meine Tante und mein Onkel mitgebracht hatten, und begannen zu trommeln und zu singen. Wir waren woimagaga, das heißt, wir boten einen ungewohnten Anblick. Die Leute schmunzelten oder lachten, wenn sie uns sahen. Mädchen, die trommeln! Sie schüttelten ungläubig den Kopf, doch sie hörten uns zu. Wir konnten nur einen Gesang vortragen, und das auch nur mit Hilfe meines Onkels und meiner Tante. Ohne sie waren wir weder imstande zu spielen noch zu singen; ohne sie blickten wir verwirrt auf die Trommel und verstummten.

Mein Onkel nahm an der Trommel Platz und brachte sie auf wundersame Weise zum Sprechen. Er hob den Schlägel und binnen Sekunden ertönte Musik, während wir jede Bewegung verfolgten und nachahmten. Er zeigte uns, wie man die Trommel schlägt, ohne die Ränder zu berühren, was hohl geklungen und unsere Arme überanstrengt hätte. Er zeigte uns, wie wir ihm folgten, wenn er beschloss, die Melodie fortzuführen, statt sie zu beenden. Er nahm seine rechtmäßige Stellung als Führer und Lehrer ein. Er verlor nie die Geduld; er probte immer wieder mit uns, bis es richtig klang. Wir mussten ihn lediglich nachahmen und es immer wieder versuchen.

Meine Tante hatte ihren eigenen Stil. Sie rührte die Trommel nicht an. Statt der Stimme meines Onkels auf eine bestimmte Tonhöhe zu folgen, sang sie ständig eine Oktave höher als er. Manchmal begann sie allein, doch stets im Takt mit der Stimme meines Onkels. *Wicaglata* nennen wir diese Form des Gesanges bei einer Frau. Sie ergänzten sich. Sie lebten schon seit langer Zeit zusammen und hatten mit vielen anderen Trommlergruppen gesungen, von denen die meisten wesentlich besser waren als wir.

Ich erinnere mich noch gut an unseren ersten öffentlichen Auftritt. Es war bei einem Powwow in der Turnhalle der Grundschule unweit unserer High School. Mein Onkel stellte die Trommel auf und händigte uns die Schlägel aus. Wir bereiteten uns auf den Abend vor. Eines der Mädchen tuschte mir die Wimpern.

Normalerweise schminkte ich mich nicht; ich mied alles, was auch nur den Anschein von Weiblichkeit heraufbeschwören konnte. Ich scheute davor zurück, Make-up zu benutzen, als bestünde die Gefahr, dass es sich ein für alle Mal in meine Haut einbrannte. Ich hatte Angst, mit schwarzen Schmierflecken um die Augen herumzulaufen und von meinem Bruder ausgelacht zu werden. Ich fürchtete, verletzlich und von der Meinung anderer abhängig zu werden, wenn ich mich schminkte. Ich hatte keine Lust, in eine Schublade gesteckt zu werden, doch an jenem Abend gelang es meiner Freundin, mich davon zu überzeugen, dass mir Mascara stehen würde, und so ließ ich mir die Wimpern mit der schwarzen Tusche zukleistern. An jenem Abend entdeckte ich, dass ich lange Wimpern hatte, um die mich meine Freundin beneidete. Es war der Abend, an dem ich zum ersten Mal die Trommel in meiner Hand spürte.

Ich nahm an der Trommel Platz, die mein Onkel auf den hellen, sauberen Fußboden der Turnhalle gestellt hatte. Ich erinnere mich an die Blicke und das Lächeln der Zuschauer. Mein Onkel und meine Tante waren sehr uneigennützig, als sie beschlossen, öffentlich mit uns aufzutreten und ihren guten Ruf aufs Spiel zu setzen. Ich bewunderte sie wegen ihrer Bereitschaft, ein solches Risiko einzugehen. Ich sah mich verstohlen in der Gruppe um: die Mädchen, die an den Trommeln saßen, waren fünfzehn, sechzehn und siebzehn Jahre alt. Unerfahrene Teenager, wie man auf den ersten Blick sah. Mein Onkel setzte seinen Cowboyhut mit der breiten Krempe auf und nahm seinen Lieblingsschlägel in die Hand. »*Ho*«, sagte er, jetzt. Der erste Trommelschlag erklang, dann folgte seine Stimme, volltönend und erfahren. Meine Tante stimmte in den Gesang ein und plötzlich hörte ich mich selbst singen. Die Töne, die aus der Trommel und aus meinem Innern drangen, waren nicht länger bedeutungslos. Sie machten Sinn. Sie waren klar und stark. Ich verstand sie, ich spürte den Rhythmus und folgte der männlichdunklen Stimme meines Onkels mit meiner eigenen, knabenhaft hellen. Ich spürte sie. Sie war von Anfang an in mir gewesen. Ich hatte nur nicht zugelassen, dass sie sich entfaltete. Ich spürte sie zuerst in meiner Kehle und hielt mir das linke Ohr mit der linken Hand zu, um mich besser zu hören, wie mein Onkel es zu tun pflegte. Schon bald konnte ich darauf jedoch verzichten, weil ich sie in jeder Faser meines Körpers spürte. Ich vernahm sie überall, meine Stimme.

Ich hatte die Stimme all die Jahre in mir unterdrückt, als ich in meinem schweren Wildlederkleid befangen im Staub von Nebraska tanzte. Ich hatte sie nie so klar gehört wie jetzt, bei unserem ersten öffentlichen Auftritt. Ich spürte, wie die Zuschauer uns ansahen, und ich sah sie. Ich wusste, was immer an diesem Abend auch geschehen mochte, ich würde nie wieder die Trommel hören, ohne die Trommler wahrzunehmen und zu wissen, was in ihnen vorging in dem Augenblick, wenn ihre Stimmen miteinander verschmolzen. Die Trommel erhielt an jenem Abend die gleiche Bedeutung für mich, die sie für meinen Onkel und meine Tante gehabt hatte: Ihre Stimme weckte in mir das Gefühl der Zugehörigkeit und Verbundenheit. Ich war nicht länger das schmächtige junge Mädchen mit den langen Haaren. Ich war nicht mehr allein, sondern verbunden mit den anderen, die an der Trommel saßen und sangen, und mit allen, die uns hörten. Die Schwingungen des Trommelschlags, die ich in meiner Hand verspürte, pflanzten sich fort: Sie verliefen von mir zu den anderen Trommlern, von uns zu den Zuschauern, von ihnen zurück zu uns und dann zu mir, zu meinem äußeren und zum Schluss zu meinem inneren Selbst. Ich spürte den Nachhall. Er versetzte den ganzen Körper in Schwingung, von der Hand über den Ellenbogen bis hinauf zur Schulter, dann wieder hinab zur Brust, zum Bauch und zu den Füßen. Ich spürte zum ersten Mal, was die Sonnentänzer im Kreis spürten, wenn sie leichtfüßig dem Rhythmus der Trommel folgten. Wenn ich den Kopf nach vorn beugte, spürte ich es, dieses physische Gefühl der Verbundenheit. Ich wurde in den Kreis hineingezogen. Ich schlug die Trommel nicht an; sie schlug etwas in mir an, brachte eine Saite zum Klingen. Sie nahm mich bei der Hand und führte mich. Ich spürte es tief in meinem Innern: Der Trommelschlag wurde eins mit meinem Herzschlag, durch ihn verschaffte sich mein Herz Gehör und durch ihn verschmolz meine Stimme mit der aller anderen.

Ich habe die Trommel seither oft gehört, doch nie mehr so wie beim ersten Mal. Ich habe die Trommel bei anderen Powwows gehört. Ich kenne den Unterschied zwischen einer Powwow-Trommel und den Trommelschlägen bei unseren religiösen Ritualen. Ich habe die Trommel in der Schwitzhütte gehört, beim

Sonnentanz, bei *Yuwipi*-Zeremonien, durch die wir Verbindung mit den Geistern aufnehmen, bei Begräbnissen und Peyote-Zeremonien. Ich höre ihre Stimme in bestimmten Nächten, wenn ich weiß, dass irgendwo im Reservat eine *Yuwipi*-Zeremonie stattfindet. Ich höre sie selbst aus tausend Kilometer Entfernung.

Bei unseren *Yuwipi*-Zeremonien kommen wir zusammen, wenn wir wichtige Fragen an die Geister haben; wir rufen sie in Gesängen und Gebeten an und verlieren dabei jegliches Zeitgefühl. Sie geleiten uns in die dunkle Höhle der Zeit, die dem Mutterleib gleicht, und wenn wir sie wieder verlassen, fühlen wir uns wie neugeboren, gesund an Leib und Seele. Wenn Menschen im Reservat zusammenkommen, um bei einer *Yuwipi*-Zeremonie mit der Trommel zu singen und zu beten, höre und spüre ich sie. Manchmal sehe ich sie in dem dunklen Raum vor mir, ihre Gesichter und Gedanken durch die Gesänge und Gebete zu einem einzigen Bewusstsein verschmolzen. Nach Beendigung der Zeremonie beten wir für alle.

In der alten Zeit bezog sich das Wort *Yuwipi*, binden oder gebunden sein, auf einen besonderen Stein, rund, durchsichtig und winzig klein, der manchmal auf einem Ameisenhügel gefunden und bei der Zeremonie verwendet wurde. Dieser Stein, der aus der erdgeschichtlichen Vergangenheit stammte, war unberührt von Menschenhand und galt als heilig. Er besaß magische Kräfte, war imstande, zu heilen und die Zukunft vorauszusagen. Die Besitzer eines heiligen Steines wurden auch um eine *Yuwipi*-Zeremonie gebeten, wenn jemand etwas verloren hatte, das ihm lieb und teuer war (zum Beispiel ein Kind, das vermisst wurde). Manchmal waren diese Steine in den vier heiligen Farben bemalt, ein Symbol für die Winde aus den vier heiligen Himmelsrichtungen: Schwarz für den Westen, Rot für den Norden, Gelb für den Osten und Weiß für den Süden. Diese Steine wurden bei der *Yuwipi*-Zeremonie verwendet.

Ich erinnere mich an die *Yuwipi*-Zeremonie, die Mommah für mich durchführen ließ, als ich während meines Militärdienstes auf Urlaub nach Hause kam. Es gab sie schon, so lange ich denken kann, auch während der Zeit, als sie verboten war. Wir fuhren sechzig Kilometer über Landstraßen zu einem entlegenen Blockhaus mitten in der Prärie, an der Grenze zu Nebraska. Es war an einer Stelle errichtet, an der es weit und breit keine Bäume gab, so dass der Wind ungehindert durch die Fensterritzen pfiff. Das Haus gehörte einem *Yuwipi*-Mann, der das alte Ritual beherrschte. Er war ein *iye ska*, ein Mittelsmann, der die Botschaft der Geister an uns weitergab.

Bevor das *Yuwipi* begann, nahmen die Männer an einer Reinigungszeremonie teil. Dann betraten sie, mein älterer Bruder eingeschlossen, den Raum, der völlig leer geräumt worden war, und wir anderen gesellten uns zu ihnen. Alle setzten sich im Kreis auf den Boden. Mehrere Familien hatten sich eingefunden; wir waren alle auf die eine oder andere Art miteinander verwandt. Ich erinnere mich an eine ältere Cousine, die unbedingt neben Mom-mah sitzen wollte, weil ihr nicht ganz geheuer war. Ich hatte neben meinen Cousinen Platz genommen, die etwa in meinem Alter waren.

Wir lachten und unterhielten uns im Flüsterton, während wir auf den Beginn der Zeremonie warteten.

In der Mitte des Raumes bereitete der *Yuwipi*-Mann das heilige Viereck vor. Er stellte vier leere Kaffeebüchsen, mit Erde gefüllt, an den vier Ecken des Raumes auf. In jede Dose steckte er einen Stab, an dem ein schmaler Stoffstreifen befestigt war. Sie stellten die vier heiligen Himmelsrichtungen dar: Westen, Norden, Osten und Süden. Um dieses heilige Viereck, das niemand betreten durfte, wurden kleine Tabakpäckchen ausgelegt, die Mom-mah als Auftraggeberin des *Yuwipi* mit ihren Helferinnen angefertigt hatte. Diese *cali op'ahte* wurden im Abstand von zweieinhalb Zentimetern zu einer langen Schnur zusammengebunden. Mom-mah hatte vierhundert kleine Tabakbündel vorbereitet und dabei stumm gebetet. Ich hatte versucht, ihr zu helfen. Meine Finger kamen mir viel zu groß und ungeschickt vor, als ich die kleinen Vierecke aus Stoff nebeneinander legte. Ihre Farben entsprachen den Farben der Stoffstreifen, die unsere vier heiligen Himmelsrichtungen anzeigten. In der alten Zeit verwendeten sie getrocknetes, ungegerbtes Leder für die Päckchen. Ich füllte die Vierecke aus Stoff mit einer Prise Tabak und band sie mit einer Schnur zu einer Kette zusammen. Diese Opfergaben sind für die Helfer bestimmt, die der *Yuwipi*-Mann während der Zeremonie anruft.

In der Mitte dieses heiligen Vierecks, auf dem mit Salbei bedeckten Fußboden, befindet sich der Altar mit den heiligen Steinen, einer Pfeife und anderen Kultgegenständen, die der *Yuwipi*-Mann für die Zeremonie braucht. Alle Teilnehmer erhalten einen Salbeistängel, den wir uns hinter das rechte Ohr stecken. Wir legen Ringe, Ohrringe und andere Gegenstände aus Metall ab, einschließlich der Brille; sie werden bis zum Ende der Zeremonie außerhalb des Raumes aufbewahrt. Alle Schmuckstücke, die das Licht reflektieren und glänzen, sind den Geistern fremd und deshalb bringen wir sie vorsorglich in Sicherheit, damit die Geister nicht damit verschwinden. Meiner älteren Cousine, derselben, die uns zu den Nonnen schickte, um ein Käse-Sandwich für sie zu erbetteln, wird zunehmend beklommener zumute, was man daran sieht, dass sie immer näher an meine Mutter heranrückt. Wir lachen stillvergnügt in uns hinein, doch ist ihre Angst auch verständlich. Die Fenster im Raum sind verhangen, und sobald die Zeremonie beginnt, wird auch noch das Licht gelöscht, so dass es stockfinster ist. Man kann nicht einmal die Hand vor Augen erkennen. Das ist Brauch bei einer *Yuwipi*-Zeremonie.

Ein Sänger und Trommler ist ebenfalls anwesend. Er stimmt die einzelnen Gesänge an, in die wir einstimmen. Sie verschmelzen im Verlauf der Zeremonie miteinander. Der *Yuwipi*-Mann füllt vor Beginn der Zeremonie eine heilige Pfeife mit Tabak. Wir zerbrechen Salbeistängel und reiben uns von Kopf bis Fuß damit ein, während er uns in Lakota den Ablauf des Rituals erklärt. Der Salbei hält böse Geister während der Zeremonie von uns fern. Sobald der *Yuwipi*-Mann die Pfeife gefüllt hat, wickelt ihn ein Helfer in eine handgewebte Sternendecke, verschnürt ihn wie ein Paket und legt ihn mit dem Gesicht nach unten auf den Salbei in die Mitte des heiligen Vierecks. Das Licht wird gelöscht. Dann ertönt der erste dumpfe Trommelschlag und *Yuwipi*-Gesang. Die Klänge brechen mit der Dunkelheit über uns herein.

Ich fühlte mich abgesondert in dem finsteren Raum. Ich verlagerte mein Körpergewicht, in der Hoffnung, mit dem Ellenbogen an meine Sitznachbarin zu stoßen und zu spüren, dass ich nicht allein war. Irgendwo waren Mom-mah, mein älterer Bruder, meine Tante, mein Onkel und meine Cousins und Cousinen, ich wusste jedoch nicht, in welcher Richtung. Ich fühlte mich unglaublich allein. Doch als ich in den Gesang einstimmte, wich die Angst und ich spürte, wie ich eins wurde mit allem, was ist. Die Dunkelheit und der harte Boden, auf dem ich saß, machten mir nichts mehr aus. Ich beugte mich nach vorn, um mich einzubringen in die Zeremonie, teilzuhaben und mit allem und allen ringsum zu verschmelzen.

Der *Yuwipi*-Gesang brachte eine uralte, vertraute Saite in mir zum Klingen. Ich fürchtete mich nicht. Ich lauschte dem Gesang mit dem Herzen, vergaß, was mein Verstand mir sagte: dass die Zeit uns die alte Lebensweise und die Erinnerungen daran genommen hatte, die unabdingbar für das Gefühl waren, eins zu sein mit allem, was ist. Die Zeremonie erinnerte mich wieder an die Macht der Lakota-Worte in den Gesängen und im Klang der Trommel. Sie waren zeitlos. Unser Gesang rief die Geister herbei; sie allein konnten den *Yuwipi*-Mann in unserer Mitte von seinen Fesseln befreien. Wir nannten sie *k'ola*, Freund, auf männliche Art.

Als die Geister den Raum betraten, war ich gefestigt und aufmerksam. Ich hörte *Hutopa,* den Büffelgeist, stampfen und schnauben. Ich hörte den Flügelschlag des gefleckten Adlers; es klang, als habe er sich auf dem Altar niedergelassen. Ich hörte, wie sie hereinkamen und uns umkreisten, und ich hatte das Gefühl, als ob die Mauern des Hauses schwankten, einstürzten und uns alle befreiten. Wir waren der kalten Nachtluft ausgesetzt. Ich glaubte in der unendlichen Weite des Himmels Millionen von Sternen zu entdecken, deren heller Schein auf uns gerichtet war. Ich sah ein flackerndes Licht in der Finsternis, als der *Yuwipi*-Mann aus seiner Sternendecke befreit wurde, die mit Riemen verschnürt worden war.

Die Zeremonie dauert in der wirklichen Zeit sehr lange, die ganze Nacht bis in die frühen Morgenstunden. Doch bei einem *Yuwipi* wird gesungen, gebetet und manchmal auch getanzt. Und wenn die Lichter wieder angehen und die heilige Pfeife nach dem letzten Gesang herumgereicht wird, fühlen wir uns nicht erschöpft, sondern mit neuer Kraft erfüllt. Wenn es hell ist, sehen wir, dass der *Yuwipi*-Mann keine Fesseln mehr trägt. Seine Freunde, die Geister, haben geholfen, wie sie unserem Volk seit Anbeginn der Zeit geholfen haben. Sie haben während der Zeremonie Heilung, Einblick in die Zukunft, Auskunft über verlorene Dinge und Antwort auf die Fragen gebracht, die vom Auftraggeber gestellt wurden.

Als die alten Rituale wieder stattfinden durften, bat Mom-mah den *Yuwipi*-Mann um einen neuen Namen für mich. Während der Zeremonie, als wir tanzten, spürte ich, wie jemand dicht an mich herantrat. Er ergriff meine Hände und legte sie auf seine Brust, die mit Narben übersät war. Ich hatte solche Narben schon als Kind gesehen, auf der Brust der Sonnentänzer. Wenn ein Mann sie enthüllte, bedeutete das in der alten Zeit, dass man seinem Wort vertrauen konnte. Als die Zeremonie vorüber war, gab mir der *Yuwipi*-Mann einen neuen Namen, *Wa suta Waste Wi*. Das bedeutet Tapfere Kriegerin. Ich war zu der Zeit Angehörige des Marine Corps und verbrachte in jenem Herbst meinen Urlaub zu Hause.

Diesen Namen werde ich behalten, bis ich sterbe.

Obwohl mir Dachsfrau, mein Kindername, lieber ist, wird man meinen Erwachsenennamen *Wa suta Waste Wi* in Ehrengesängen für mich einfügen und jeder wird wissen, dass ich nun Tapfere Kriegerin bin. Wenn ich den Namen höre, werde ich mich an die Narben des *Yuwipi*-Mannes erinnern.

Wilde Pflaumenbäume

Im Spätsommer gibt es überall wilde Pflaumen. Die unreifen sind klein und süßsauer. Als Kind habe ich gerne unreife Pflaumen gegessen, frisch vom Baum gepflückt und in Salz getunkt, das ich auf meine Handfläche gestreut hatte; die Kerne spuckte ich auf den Boden. Am liebsten mag ich die Würg- oder Traubenkirschen, die im August reif sind. Am besten schmecken sie an heißen Sommernachmittagen. Meine Mutter warnte uns stets: »Esst nicht so viel davon. Ihr bekommt Bauchschmerzen!« Ich hörte nicht auf sie. Ich aß Würgkirschen bis meine Zähne schwarz verfärbt waren. Sie wuchsen überall in der Nähe des schmalen, zeitweilig trockenen Wasserlaufs und sie waren schneller zu finden und zu ernten, als wenn wir uns auf die Suche nach wilden Pflaumen gemacht hätten.

Meine Mutter pflückte im Spätsommer eimerweise Schwarze Würgkirschen. Sie bewahrte sie in großen braunen Papiertüten auf, bis sie Zeit fand, sie zum Trocknen vorzubereiten. Dann wurden sie mit Kern und allem im Fleischwolf zerkleinert, zu flachen runden Laibchen geformt und nebeneinander in die Sonne zum Trocknen gelegt. Manchmal nahm sie wie in der alten Zeit einen großen flachen Stein als Unterlage und einen kleineren faustgroßen, mit dem die Kirschen zu Pulver zerstoßen wurden. Ich erbot mich, ihr zur Hand zu gehen. Die getrockneten Kirschen sind lange haltbar und werden für bestimmte Feste und Zeremonien verwendet. Man bereitet daraus *wozapi* zu, eine Art Beerengrütze, mit getrockneten Würgkirschen, Maisstärke, Wasser und Zucker. Sie werden auch gekocht und durch ein Sieb gestrichen, um einen Saft für rituelle Zwecke zu gewinnen. Die wilden Pflaumen werden entkernt, getrocknet und auf gleiche Weise verarbeitet. Ich mag den Saft der Kirschen gleichwohl lieber als den der wilden Pflaumen; sie sind eine besondere Delikatesse, wenn sie zuerst mit Kern zerkleinert werden, weil der Saft dann süß und nussig schmeckt.

Meine Mutter erinnert sich an alle häuslichen Arbeiten ihrer Mutter, die Rübenernte Anfang Juni eingeschlossen. Die Rüben wuchsen wild und wurden ausgegraben, geschält, zu langen Strängen miteinander verflochten und getrocknet, als Zusatznahrung für den Winter. Wilde Rüben haben die Länge eines Rettichs und eine dunkelbraune Schale; darunter befindet sich das weiße essbare Gemüse. Es ist nahrhaft und besitzt einen kalkigen, kräftigen Eigengeschmack. Es wird wie Kartoffeln für Suppen verwendet. Im Juni haben die Hügel bei Sonnenuntergang einen weißlich grünen Schimmer von den Blättern der wilden Rüben. Wir erkennen sie schon von weitem an der Farbe ihrer Blätter und den kleinen purpurfarbenen Blüten. Wenn man den Spaten direkt neben der Pflanze in die Erde sticht, ungefähr zwanzig Zentimeter tief, stößt man auf die dunkelbraune Knolle. Sie hat eine lange Wurzel, wie ein dünner, biegsamer Schwanz, und wenn man die Knollen geschält hat, kann man zwanzig und mehr zu Strängen zusammenflechten. Sie sind hübsch anzusehen und lassen sich als Schmuck in der Küche, über der Türschwelle oder an der Wand eines Tipis aufhängen.

Meine Mutter wusste, wie man wilde Rüben, reife Würgkirschen und Pflaumen erntet und auch ohne Kühlung für den Winter lagert. Sie wusste solche Dinge, weil sie noch eng mit der Natur verbunden war und in enger Gemeinschaft mit ihrer Mutter lebte, die ihr alles beigebracht hatte, was sie wissen musste. Auch ich beobachtete meine Mutter und versuchte, von ihr zu lernen. In der alten Zeit wäre es ihre Aufgabe gewesen, mich zu einer fleißigen, gastfreundlichen und treu sorgenden Ehefrau zu erziehen. An der Schwelle zum Frausein hätte ich mich einem Ritual unterziehen müssen, um zu gewährleisten, dass ich nicht so wurde wie *Wiya Nupa*, die Frau mit den zwei Gesichtern, die wir Doppelte Frau nennen. Sie gilt als liederlich und zänkisch. Es heißt, dass sie Frauen in Versuchung führt, vom rechten Weg abzuweichen, so dass sich ihre Männer gezwungen sehen, ihnen mit dem Messer die Nasenspitze abzuschneiden, um sie als Ehebrecherin zu kennzeichnen.

Früher glaubte man, dass Mädchen bis zum ersten Menstruationsfluss die gleichen Freiheiten genießen sollten wie ihre Brüder und Cousins. Ich erinnere mich noch, wie ich den Abhang eines Hügels hinunterrannte und Fangen mit meinem jüngeren Bruder und meinen Cousins spielte, die sich im Gebüsch versteckten.

Wir spielten Cowboy und Indianer und nahmen unsere Feinde gefangen, taten so, als fesselten wir ihnen die Hände auf dem Rücken. Wir Mädchen waren die Indianer mit unseren langen, offenen Haaren. Die Jungen übernahmen die Rolle der Cowboys mit ihren kurzen Haaren und Jeans. Sie warfen ihre Lassos, bestehend aus einer langen Wäscheleine, die sie meiner Mutter stibitzt hatten. Sie fingen imaginäre Stiere und Rinder ein und trieben die Herden durch das schmale Flussbett, wobei sie den Schlamm am Ufer aufwühlten und die Elritzen, eine kleine Karpfenart, die hier zu Hause war, in die Flucht trieben. Ich erinnere mich an ein Spiel, bei dem mein jüngerer Bruder auf dem Gesims einer Felswand landete, von dem er weder weiter hinauf- noch herunterkam. Ich kletterte, ohne nachzudenken, an der Steilwand hinab, um ihm zu helfen, mit dem Ergebnis, dass wir beide festsaßen. Wir kamen erst frei, nachdem einer unserer Cousins losgelaufen war, um Hilfe zu holen. Ungefähr eine Meile hügelabwärts spielten wir oft alle zusammen an unserem Lieblingsflüsschen, Mädchen und Jungen, ungeachtet unserer Fähigkeiten. Wir tollten nach Herzenslust herum, schwammen im Fluss, manchmal auch nackt, vor allem, als wir noch klein waren.

Dann wurde ich älter und plötzlich war alles anders. Ich erinnere mich noch genau an den Tag. Ich schwamm in dem Wasserloch, das wir Biberdamm nannten. Es war ein echter Damm, den ein Biber früher einmal angelegt hatte, und das Wasser war an dieser Stelle tief genug, um mit einem Kopfsprung hineinzutauchen. Das Wasserloch befand sich an einer steilen

Böschung, nicht weiter von unserem Haus entfernt. Ein schmaler gewundener Saumpfad führte von unserem Haus hinunter, am Wasserloch vorbei zu einem Haus, in dem Verwandte von uns wohnten. Das Wasser war hier immer kühl und es duftete nach *ceyaka*, wilder Minze, die an den schattigen Plätzen am Ufer wuchs. Wasserspinnen glitten über die Oberfläche des Wassers, und ein Fisch, den wir Schlammschlucker nennen, schwamm im Morast. Ich hatte panische Angst vor Wasserschlangen, doch ich wusste, wenn wir zu mehreren waren und Lärm machten, war die Wahrscheinlichkeit groß, dass sie sich von uns fern halten würden. Ich wanderte an Sommernachmittagen gerne mit meinem jüngeren Bruder und meinen Cousins im Schlepptau durch die Wälder, um schwimmen zu gehen.

In einem dieser Sommer entdeckte ich zu meinem Entsetzen, dass Blut an der Stelle, wo ich stand, in den Fluss rann. Zitternd rannte ich nach Hause und erzählte meiner Mutter, was geschehen war. »*Wiya nikuze ksto*«, sagte sie. »Du hast die Frauen-Krankheit.« Ruhig half sie mir aus den nassen abgeschnittenen Jeans und dem T-Shirt. Sie kaufte mir einen so genannten Monatsgürtel und ein Paket frisch duftender weißer Binden. Die Binden sahen aus wie ein langer Pumpenschwängel, dessen Enden durch den Gürtel gezogen wurden. Ich fand sie grässlich und unbequem, aber ich trug sie. Meine Mutter erklärte mir, wie man die benutzten Binden richtig beseitigt, damit sie keine Krankheitskeime übertragen. Sie klärte mich auch über andere Dinge auf, die ich in diesem neuen Lebensabschnitt wissen musste. Sie schärfte mir ein, nie über eine Person hinwegzutreten, die am Boden saß, sondern um sie herumzugehen. Das galt auch für Gegenstände wie Kleidungsstücke, die auf dem Boden lagen, oder für die Schuhe einer anderen Person. Wenn ich diese Regel nicht beachtete, würde man es mir als Respektlosigkeit auslegen. Ich durfte die Haare in meiner Haarbürste nicht mehr wegwerfen: Sie mussten verbrannt werden und durften den Boden nicht berühren, denn das war ein Zeichen mangelnder Selbstachtung. Ich durfte meine Kleidung nicht auf dem Boden liegen lassen, damit andere nicht darauf traten, was ebenfalls als Mangel an Selbstachtung galt. Sie erzählte mir alles über das angemessene Verhalten eines Mädchens, das ihre Menstruation hat und zur Frau heranreift.

Sie klärte mich nicht über die Sexualität oder die neu erworbene Fähigkeit auf, Kinder zu gebären, wie es in der alten Zeit mit Hilfe der alten Rituale geschehen wäre. Vielleicht sah sie mir an, dem schmächtigen, flachbrüstigen Mädchen mit spitzen Knien und abgeschnittenen Jeans, dass ich körperlich noch weit von solchen Sorgen entfernt war. Rückblickend staune ich, mit welchem Gleichmut ich ihre Eröffnungen hinnahm: Ich fragte weder, warum das alles geschah, noch was es bedeutete. Mir war bewusst, dass sie und andere Frauen ihre Periode hatten. Nun war die Zeit für mich gekommen und ich fügte mich.

In der alten Zeit, bevor unsere Rituale verboten wurden, hätte ich mich einer Zeremonie unterzogen, bei der mir alle Geheimnisse des ersten Menstruationsflusses enthüllt worden wären. Solche Rituale oder Zere-

monien waren wichtig für uns. Jeder Lebensabschnitt
hatte seine eigenen Rituale oder Ehrenzeremonien.
»Kici glu oniha pi ye«, hätte meine Mutter gesagt,
»ehret einander.« In meiner Kultur sind Kinder etwas
Kostbares. Jedes Kind wird als Geschenk von *Wak'a
T'aka* betrachtet, als Antwort auf ein Gebet. Unser
Volk betete um einen reichen Kindersegen und wenn
ein Kind geboren wurde, war sein Wohlergehen obers-
tes Gebot. Wir legten Gelöbnisse ab und brachten
Opfergaben dar, damit es überlebte, wuchs und ge-
dieh. Manchmal bekannten wir in der Öffentlichkeit,
»Wak'ayeza ki he tewahila«, dieses Kind ist kostbar
für mich, so dass alle erfuhren, wie viel es bedeutete.
Solche Zeremonien zeigten Kindern, dass sie geliebt
und respektiert wurden. Sie lernten dadurch, sich selbst
und anderen Achtung entgegenzubringen.
Damals schrieb man den Gedanken magische Kräfte
zu und deshalb galt es, in jeder Situation achtsam mit
dieser Macht umzugehen. Wenn ein Mensch um einen
Verstorbenen trauerte, war er *wak'a* oder heilig und
man erwartete, dass er diesem Zustand durch vorbild-
liche Gedanken Rechnung trug. Wenn sich jemand auf
eine Visionssuche begab, richtete er alle seine Gedanken auf das Gebet und auf das, was er zu finden hoffte. Für uns wurde das Leben eines Menschen von seinen Gedanken bestimmt. Deshalb tat man alles, um
die nachfolgende Generation schon in jungen Jahren
in den überlieferten Lehren zu unterweisen. Als Heranwachsende wäre ich dafür besonders empfänglich
gewesen. Es lag im Interesse des ganzen Stammes, die
jungen Frauen in die althergebrachten Gedanken und

Lehren einzuweihen, denn beide waren nach unserer Auffassung untrennbar miteinander verbunden. Es sind die Frauen, die letztendlich über das Schicksal des ganzen Stammes bestimmen.

In der alten Zeit glaubten wir, dass Geister Besitz vom Körper eines jungen Mädchens ergriffen und die Blutung bewirkten. Sie kehrten nach der ersten Blutung jeden Monat zurück und ließen nur dann eine Zeit lang von ihren Opfern ab, wenn sie durch eine Schwangerschaft zufrieden gestellt wurden. Man schrieb dem Menstruationsfluss magische Kräfte zu, die so machtvoll waren, dass sich Frauen in dieser Zeit von den anderen Stammesangehörigen fern halten mussten, damit sie nicht in Versuchung kamen, Gebrauch von diesen Kräften zu machen, zum Guten oder Schlechten. Deshalb sonderte man sie während dieser Zeit ab.

Sie wurden an einen Ort geschickt, *isna ti* genannt, wo sie allein, von ihren Familien getrennt, in Hütten wohnten. Niemand durfte in ihre Nähe kommen. Sie blieben dort, bis der Zyklus beendet war; dann stand es ihnen frei, zu ihrem Stamm zurückzukehren und ihr altes Leben wieder aufzunehmen. In der *isna ti* mussten sie ihre Menstruationsabfälle den Vorschriften entsprechend beseitigen: Sie wurden zu Bündeln verschnürt und in das Geäst eines wilden, noch nicht abgestorbenen Pflaumenbaumes gelegt, wo der Geist des Baumes sie hütete. Da der Baum reiche Früchte trug, hoffte man, ihn durch die Opfergabe gnädig zu stimmen und den Frauen einen reichen Kindersegen zu bescheren. Wurden die Bündel nicht den Vorschriften entsprechend beseitigt, bestand die Gefahr, dass der

Kojote sie fand und *Iktomi* übergab, der sich einen Spaß daraus machte, die Gedanken der jungen Frauen zu vergiften und sie zu ehrenrührigem Handeln anzustiften. Hatte eine Frau einen Ehemann, durfte sie während der Menstruation nicht mit ihm schlafen, sonst konnte es geschehen, dass sie sich mit den Kojoten paarte und Kinder zeugte, die ihr zur Schande gereichten. Nach Beendigung des Menstruationsflusses verließen die Frauen die *isna ti* und unterzogen sich einer Reinigungszeremonie, *inikaga pi*, die ein rituelles Bad einschloss. Danach durften sie zu ihren Familien zurückkehren.

In der alten Zeit wurde anlässlich der ersten Menstruation eine Zeremonie abgehalten, die bestätigte, dass wir Lakota *Pte Oyate* sind, das Volk der Weißen Büffelkuh. Die jungen Mädchen gingen bei der ersten Menstruation in die *isna ti*-Hütten, kehrten nach der rituellen Reinigung zum Stamm zurück und unterzogen sich anschließend der Büffel-Zeremonie, *T'ataka olowa pi*. Dort wurden sie über ihre künftige Rolle als Frau aufgeklärt.

Für die Büffel-Zeremonie mussten nach ganz bestimmten Regeln Vorbereitungen getroffen werden. Zuallererst ließ der Auftraggeber, in diesem Fall die Eltern des Mädchens, einem Medizinmann Tabak zukommen; *Opaha k'u pi* nannte man diese nach altem Brauch einzig richtige Art, um eine Zeremonie zu bitten. Dann wurden hölzerne Stäbe als Einladung an alle geschickt, die an der Zeremonie teilnehmen sollten; sie dauerte einen ganzen Tag. Diejenigen, deren Anwesenheit nicht erwünscht war, erhielten einen trockenen Knochen. Dann wurde ein neues Tipi aufgestellt, das sie selbst gefertigt oder von jemandem als Geschenk erhalten hatten, und ein neues Kleid und ein Lendentuch für das junge Mädchen gemacht. In das neue Tipi, dessen Eingang nach Osten wies – in die Richtung, aus der Wissen und Weisheit kommen –, brachten sie eine neue Holzschüssel, Würgkirschen, Salbei, Süßgras, getrocknete Kirschholzspäne, getrocknetes Pappel- oder Eschenahorn-Holz, eine Adlerfeder, eine Flöte, eine Trommel und Nahrung und Geschenke für die Gäste. Dann beteten sie um einen guten Tag, um einen Tag, an dem der Westwind das gefürchtete Donnerwesen *Wakiya* fern halten und der Himmel blau und wolkenlos sein würde. Sobald alle Vorbereitungen getroffen waren, zündete man am nächsten Morgen bei Sonnenaufgang ein Feuer an und die Zeremonie konnte beginnen.

Alle Gegenstände, die für die Zeremonie gebraucht wurden, mussten kreisförmig um eine bestimmte Stelle im Tipi ausgelegt werden, den Ehrenplatz, *catku ka* genannt. Er befand sich auf der Westseite des Zeltes, direkt gegenüber dem Eingang. Hier wurde ein Erdhügel errichtet, der *Mak'a*, die Erde, symbolisiert. Oben auf dem Erdaltar lag der Schädel eines Büffels, damit er alles überschauen konnte, was geschah, denn wir sind *Pte Oyate*, das Volk der Büffelkuh.

Wenn ich damals gelebt hätte, wäre ich meiner Rolle in der Zeremonie gerecht geworden, wie zahllose junge Mädchen vor meiner Zeit. Ich hätte meine Menstruationsbündel im Geäst eines Frucht tragenden Pflaumenbaumes abgelegt, mich einer rituellen Reinigung in Form eines Bades unterzogen und das Tipi, in dem alles vorbereitet war, in meinem neuen Kleid betreten, über dem alten Kleid und dem Lendenschurz. Die Haare hätte ich offen auf dem Rücken getragen, als Zeichen der Trauer um den Abschied von meiner Kindheit.

Die Teilnehmer an der Zeremonie setzten sich kreisförmig auf den Boden des Tipi, die Männer an der Nordseite, die Frauen an der Südseite. Dann trat der Medizinmann ein und das Ritual, in dessen Verlauf ein junges Mädchen alles lernte, was es als Büffelfrau wissen musste, konnte beginnen. Beim Betreten des Zeltes unterzog der Medizinmann die Anwesenden einer eingehenden Musterung, um sich zu überzeugen, dass alle einen guten Charakter besaßen. Dann nahm er seinen Ehrenplatz, *catku ta*, an der Westseite des Tipi ein und reinigte die Luft mit Räucherwerk, zuerst mit Salbei und danach mit Süßgras-Büscheln, als Erinnerung für die Teilnehmer der Zeremonie, alles Böse aus dem individuellen und kollektiven Bewusstsein zu verbannen. Wir glauben, dass Geist und Gedanke ein und dasselbe sind; deshalb reinigen wir die Luft und vertreiben böse Geister und böse Gedanken durch Räucherwerk.

Wenn ich den süßlichen, stechenden Salbeigeruch einatme, spüre ich, dass ich mich in Gesellschaft meiner Ahnen befinde, die noch an alle Dinge glaubten, die auch ich zu glauben begonnen habe. Sie glaubten wie meine Mutter, dass böse Geister ungute Gedanken sind und dass der Salbei daran erinnert, sie aus unseren Köpfen zu vertreiben. »Meide böse oder ungute

Gedanken«, pflegte Mom-mah zu sagen. Sie ermahnte mich, sorgfältig auf meine Gedanken zu achten, damit sie frei von Werturteilen und anderen Disharmonien waren. Wenn sie bedrückt war, sagte sie: »Ich fühle mich nur deshalb nicht gut, weil ich ungute Gedanken habe.« Ungute Gedanken schwächen den Körper.

Bei der Büffel-Zeremonie wurde nach der Reinigung die heilige Pfeife von einem zum anderen weitergegeben. Der Medizinmann nahm einen Zug und blies den Rauch auf den Büffelschädel, der auf dem Erdaltar im Tipi lag. Er bemalte die Stirn des Schädels mit roter Farbe, um die Eintracht des Büffelvolkes anzuzeigen. Dann steckte er zwei Stäbe in den Erdaltar, an die in rotes Leder gewickelte kleine Tabakpäckchen gebunden waren als Opfergabe an den Schöpfer. Im Anschluss daran stimmte er einen Gesang an, mit dem er den Büffelbullen im Westen bat, sein Brüllen ertönen zu lassen, um zu seinem Volk zu sprechen. Zu Beginn der Zeremonie saß das junge Mädchen mit gekreuzten Beinen da, wie ein Junge. Am Ende der Zeremonie kam die Mutter, reichte ihrer Tochter die Hand und half ihr beim Aufstehen. Wenn sie danach wieder Platz nahm, setzte sie sich hin wie die Frauen, beide Beine züchtig auf einer Seite angewinkelt.

Der Medizinmann betete und streute Salbei, Zedernholz-Späne und Süßgras ins Feuer. Das Prasseln des brennenden Zedernholzes und der Geruch durchdrangen das Tipi und die Gedanken der Anwesenden. Der Medizinmann betete, dass aus dem jungen Mädchen eine gute Büffelfrau werden möge, die viele Kinder gebar. Er betete, dass sie den Geist des Büffels bewahren und ihrem wahren Ich treu bleiben möge. Er betete, dass sie immer wahrhaftig, treu und charakterfest sein möge. Er betete und prophezeite ihr, was er Gutes in ihrer Zukunft sah, zum Beispiel eine Spinne, eine Schildkröte, einen Wiesenstärling, einen tapferen Mann, viele Kinder und ein Tipi, aus dessen Abzug Rauch quoll, der Besucher willkommen hieß.

Er betet und prophezeite ihr, was er Schlechtes zwischen all dem Guten in ihrer Zukunft sah, zum Beispiel einen Kojoten und abgetragene Mokassins. Die Bedeutung dieser Dinge wurde ihr erklärt: Sie sollte fleißig sein wie die Spinne, weise und dickhäutig wie die Schildkröte, ein heiteres Gemüt und eine sanfte Stimme wie der Wiesenstärling haben, dann würde sie auch einen guten, tapferen Mann finden und viele Kinder gebären. Ihr Mann würde ihr Büffelfelle schenken, um daraus ein Tipi zu errichten und alle Besucher gastfreundlich aufzunehmen, wie es bei den Lakota Brauch ist. Das waren die guten Dinge, die er in der Zukunft des jungen Mädchens sah. Wenn sie nicht der Spinne, der Schildkröte und dem Wiesenstärling nacheiferte, würde sie faul, arm und unglücklich sein und dazu verdammt, unter Kojoten zu leben. Sie würde abgetragene Mokassins tragen und keinen Ehemann finden, der ihr Büffelfelle für das eigene Tipi brachte. Und kein Mann würde seine Träume auf die Bespannung des Tipi malen.

Dann ging der Medizinmann dazu über, das junge Mädchen aufzuklären, wie es sich sexuell zu verhalten habe. Sie durfte nur dann das Lager mit einem Mann teilen, wenn sie beabsichtigte, seine Frau zu sein. Um seine ehrenhaften Absichten zu bekunden, warb er um sie; der Medizinmann ahmte an dieser Stelle einen Büffelbullen in Hitze nach, der sich der Büffelkuh mehrmals nähert. Die Mutter des Mädchens trat jedes Mal schützend vor ihre Tochter, mit Salbei in der Hand, um ihn abzuwehren, während das Mädchen fasziniert und schamhaft zusah, weil sie ihn, den Büffelbullen, auf diese Weise zu erregen vermochte. Die Zeremonie wurde fortgesetzt, in der Annahme, dass ein junges Mädchen bereit war, diese Andeutungen zu verinnerlichen, auch wenn es diese im Augenblick nicht ganz verstand oder noch nicht wusste, dass die Schamhaftigkeit ein Schutz für sie ist.

Wenn sich die Zeremonie dem Ende näherte, überreichte der Medizinmann dem jungen Mädchen die zwei Stäbe, die er zwischen die Hörner des Büffelschädels gesteckt hatte und an deren Enden die kleinen roten Tabakpäckchen festgebunden waren. Sie waren eine wirksame Medizin, die sie auf allen Wegen begleiten sollte. Meine Mutter bringt ihre Medizinpäckchen noch heute zu jeder Zeremonie mit, um sicherzugehen, dass ihre Gedanken rein sind, wie es sich für eine Büffelfrau geziemt.

Der Medizinmann ließ zum Abschluss die Holzschale mit einem Trank aus gekochten Würgkirschen herumgehen, von dem jeder einen Schluck nahm. Danach zog das junge Mädchen das neue Kleid aus, das es über dem alten getragen hatte, ein rituelles Opfer an den Geist des Büffels. Die Mutter scheitelte das offene Haar ihrer Tochter in der Mitte und flocht zwei Zöpfe nach Art der Lakota-Frauen. Der Medizinmann bemalte ihre Stirn mit roter Farbe. Das Rot galt als Zeichen für alles, was gut war, und künftig durfte sie ihr Gesicht ebenfalls auf diese Weise bemalen, um anzuzeigen, dass sie nun eine Büffelfrau war. Dann nahm er die Adlerfeder und befestigte sie am Hinterkopf des Mädchens. Auch wenn sie zu diesem Zeitpunkt noch nicht ganz verstanden hätte, was es bedeutet, eine Büffelfrau zu sein. Sie hätte es tief in ihrem Innern gewusst, wo alles, was sie war, die Farbe Rot hat. Nach dem Anstecken der Adlerfeder beendete er die Zeremonie mit einem Gesang: »Ein Mann aus dem Norden gab mir einen Stab. Das habe ich diesem Mädchen erzählt. Sie wird alt werden. Ihr Stamm wird leben.« Dieser Gesang wurde bereits für meine Mutter, meine Großmutter und meine Urgroßmutter angestimmt. Es ist ein Gesang, der mich untrennbar mit ihnen verbindet.

Der Sak ye meines Großvaters

Meine Mutter erzählte mir, mein Großvater väterlicherseits habe einen *sak ye,* einen Stab, besessen, der zur
traditionellen Kleidung der Führer meines Stammes
gehörte. Er sei von oben bis unten mit Perlen in einem
geometrischen Muster besetzt gewesen, eine Arbeit,
die große Mühe und Sorgfalt erforderte. Mom-mah
bewunderte ihn genauso, wie sie den Vater meines Vaters bewundert hatte. Sie hatte großen Respekt vor
ihm gehabt. »Er war ein guter Mann, wie ihn sich jede
Frau wünscht«, sagte sie. Sie bewunderte den Stab und
das Haus in einer kleinen Stadt in Nebraska, das er bewohnte. Er hatte es nicht gemietet wie alle anderen,
sondern gekauft. Ich erinnere mich noch daran, als ich
es erst lange nach seinem Tod zu Gesicht bekam. Wir
hatten unserer alten Heimat einen Besuch abgestat-
tet und ich fühlte mich sehr verloren dort. »*Ti ska*«,
nannte meine Mutter es. Das weiße Haus.
Mein Vater erzählte mir, wie er meine Mutter kennen
gelernt hatte. Ich fasste erst später in meinem Leben
den Mut, ihn danach zu fragen, als er nach längerer
Abwesenheit wieder bei uns lebte; es kam häufiger vor,
dass er eine Zeit lang spurlos verschwand. Er war ihr
auf dem Jahrmarkt in Nebraska begegnet, wo ich in

meinem schweren Wildlederkleid an der Vorführung unserer traditionellen Tänze teilgenommen hatte. Er war zum Rodeo gekommen, mit seinem eigenen Sattel. Er hatte es sich angewöhnt, den Rodeos von einer Stadt zur anderen zu folgen, nur mit seinem Sattel, und bei den Wettbewerben mitzumachen und das Preisgeld zu gewinnen. In Nebraska war er für den Ritt auf den *Broncos*, kleinen, halb wilden Pferden gemeldet. Seine Schwestern hatten in dieser Zeit ein Treffen mit einer jungen Frau arrangiert, sieben Jahre jünger als er, von der es hieß, dass sie eine gute Ehefrau abgeben würde. Sie gefiel ihnen und sie wollten, dass ihr einziger Bruder sie kennen lernte. Es war an der Zeit, dass er sein Nomadenleben aufgab, und sie dachten, Mom-mah sei am besten geeignet, ihn von den Vorteilen der Sesshaftigkeit zu überzeugen. Er bat seine Schwestern, sie ihm zunächst aus der Ferne zu zeigen. Sie stand neben dem Rodeo-Platz. Er erinnerte sich dreißig Jahre später noch an den rötlichen Schimmer ihrer Haare in der Augustsonne, der ihm gefiel. Als mein Vater mit vierundsiebzig an Lungenkrebs erkrankte und auf dem Sterbebett lag, war die Frau, die seine Schwestern für ihn ausgesucht hatten, an seiner Seite und tröstete ihn mit ihrer stillen Gegenwart. Als er starb, vermisste sie ihn. Einmal, als sie sehr krank war, wachte sie auf und sah ihn neben sich liegen, wie in all den Jahren ihres Beisammenseins.

Ich denke oft an den *sak ye* meines Großvaters. Wie geduldig die Person gewesen sein muss, die den Stab von oben bis unten mit Perlen besetzte. Ich fragte meine Mutter, was aus ihm geworden sei. Und sie erzählte mir, dass die gesamte Habe meines Großvaters nach seinem Tod verschenkt worden war, wie es der Brauch war, und sie nicht sagen konnte, wer ihn bekommen hatte. Ich wüsste heute noch gerne, wo er ist und in wessen Besitz er sich befindet. Bei dem Gedanken an den *sak ye* fallen mir alle Dinge ein, die wir Lakota im Laufe der Zeit verloren haben und die ich in meiner Kindheit und zu meinen Lebzeiten verloren habe. Es heißt, dass wir nur solche Dinge verlieren, die der Zeit unterworfen und endlich sind. Alles, was keinen Anfang und kein Ende hat, können wir nie wirklich verlieren.

Mom-mah wünscht sich manchmal, sie besäße ein Bild von meinem Großvater väterlicherseits. Es gab früher viele Bilder von ihm, aber sie verschwanden nach seinem Tod. Sie erinnert sich an ein Bild, wo er auf einem seiner heiß geliebten Pferde sitzt. Er muss sehr imposant auf dem Pferderücken ausgesehen haben. »*Yupiya ya ke*«, er machte eine gute Figur, sagte sie immer. Auch ich besitze keine materiellen Dinge, die mich an meinen Großvater väterlicherseits erinnern. Er vermachte mir weder seine Pferde noch das Land, das ihm und meiner Großmutter gehörte. Er hinterließ alles meinem Vater. Als mein Vater starb, erhielt ich eine Bestandsliste seines »Treuhandvermögens und eingeschränkter Eigentumsrechte«; daraus war ersichtlich, dass er früher einmal 260 Acre[1] Land im Rosebud-Reservat besessen hatte, im Stammesgebiet der Brulé. Sein Nachlass wurde mit weniger als 2600 US-Dollar

---

[1] 1 Acre = 4046,8 m².

veranschlagt, also rund zehn Dollar je Acre. Der Landbesitz meines Großvater war wesentlich größer gewesen, aber mein Vater veräußerte sein Erbe Stück für Stück, manchmal für viel weniger als zehn Dollar je Acre. Ich versuchte später, zehn Acres von diesem Land im Reservat zurückzukaufen, für hundert US-Dollar je Acre. Vielleicht gehört es zu den endlichen Dingen, dieses Land, das mein Großvater und mein Vater besaßen, denn sie verloren es im Laufe der Zeit. Wir Lakota verlieren allem Anschein nach viele Dinge auf diese Weise – unser Land, unsere traditionelle Lebensweise, unsere Sprache und unseren Glauben. Das Land unserer Väter, dessen Verlust am meisten schmerzt, sind die *He Sapa,* die Black Hills. Sie befinden sich im Südwesten Dakotas an der Grenze zu Wyoming. An diese Berge erinnere ich mich gut. Ich wuchs nicht in der Nähe auf. Ich fuhr nach Norden durch die Badlands, nicht um sie zu sehen, sondern um eine Stadt am Rande des Gebirges zu besuchen. Einmal im Monat hatte ich mir angewöhnt, nach Norden in die Berge zu fahren; ich war aufgeregt, wenn ich im Nordwesten ihre dunkle Silhouette erspähte. Die Vorfreude hatte nichts mit den Black Hills zu tun, sondern mit dem Besuch der Stadt, die an ihrem Rande lag. Ich wusste damals nicht, dass sie einmal meinem Volk gehört hatten, seine spirituelle Heimat gewesen waren.

Ich erinnere mich, wie ich das erste Mal vier Tage in den Black Hills verbrachte. Die katholische High School, die ich besuchte, fuhr mit den dritt- und viertletzten Klassen in eine Art Landschulheim, das sich dort befand. Wir fuhren mit dem Bus nach Norden, an den östlichen Ausläufern des Gebirges entlang. So nahe war ich den Bergen vorher noch nie gewesen. Der Bus keuchte die steile, unbefestigte Straße hinauf. Unsere Unterkunft lag auf einem Hügel, und als wir ankamen, staunte ich über die Schönheit der Landschaft, die mich umgab.

Zum ersten Mal in meinem Leben hörte ich den Wind in den Kiefern der *He Sapa* raunen, den Wind, dessen innerstes Wesen mein Volk von jeher in Gesängen und Gebeten einzufangen versucht hat. Für mich war das so, als legte ich zum ersten Mal mein Ohr an eine Muschel, um das Meeresrauschen zu hören. Ich hatte das Gefühl, dem Atem der Berge zu lauschen, *apao t'a niva,* wie meine Vorfahren sagten. Sie sagten, der Tag schöpft seinen ersten Atemzug, wie man an dem Dunst sieht, der am frühen Morgen bei Sonnenaufgang herrscht. Ich spürte den Atem des Schöpfers in diesem Wind.

Ich saß während dieses ersten Aufenthalts in den Black Hills in meinem Zimmer und hielt Zwiesprache mit mir selbst, wie es sich an einem solchen Ort gebührt. Ich dachte nicht an Gott oder meine Beziehung zu Ihm, wie die Katholiken es gerne gehabt hätten. Ich dachte vielmehr über das Land und meine Beziehung zu ihm nach. Ich dachte an den Schöpfer, den Großen Vater der Lakota, den Mom-mah *T'ukasila* nannte. Ich dachte daran, wie er die Black Hills geschaffen hatte, die heiligen Berge meines Volkes. Ich dachte an den Atem des Schöpfers im Wind und dass Er mir damit begreiflich machen wollte, wie eng verbunden ich mit diesen Bergen und allem war, was sich draußen vor meinem Fenster befand.

Das Sonnenlicht tanzte im Geäst der Bäume. Es wurde von den Kiefernnadeln reflektiert und besaß einen Schimmer, wie ich ihn nie zuvor gesehen hatte. Während ich die Landschaft betrachtete, wunderte mich ich, warum ich mich vor dieser Klassenfahrt in die Berge, in ein Landschulheim unweit der Bethlehem Caves, nie für die Black Hills interessiert oder darüber nachgedacht hatte. Heute ist mir klar, dass die Regierung damit ein Ziel erreicht hatte. Es war ihr gelungen, die Erinnerung an das, was uns mit den *He Sapa,* den Black Hills oder Schwarzen Bergen, verband, aus dem Gedächtnis meiner Generation auszulöschen. Wir sollten vergessen, dass sie früher einmal meinem Volk gehört hatten. Die Regierung hatte sie uns genommen, als dort 1874 Gold entdeckt wurde. Noch heute befindet sich in den nördlichen Ausläufern des Gebirges eine der größten Goldminen Nordamerikas. Das Land ist kahl und terrassiert, wie die Stufen der Pyramiden bei aztekischen Bauwerken, um die zahlreichen Götter zu beschwichtigen. Sie nahmen uns die Black Hills des Goldes wegen, obwohl sie vertraglich zugesichert hatten, dass sie in unserem Besitz verbleiben sollten, solange das Gras grün sei.

Als Heranwachsende mochte ich die Black Hills nicht. Für mich waren sie ein Touristen-Nepp, wo man in Japan hergestellten, billigen Schmuck, gefärbte Federn und Tomahawks feilbot und sich neben einem Indianer in voller Kriegsbemalung fotografieren lassen konnte. Ich brachte die Black Hills mit Mount Rushmore und allen anderen Sehenswürdigkeiten in der Gegend in Zusammenhang und hatte keinen wirklichen Bezug zu ihnen. Ich hatte vergessen, was meine Vorfahren wussten: wie würzig die Kiefernnadeln in den Black Hills duften, wie rein und klar der Himmel dort ist, wie sanft die Sonne im Schatten der Kiefern scheint und wie die Blumen und Schmetterlinge in ihrer Farbenpracht miteinander wetteifern. Es heißt, dass die Geister der Blumen nach einem sommerlichen Schauer den Regenbogen erschaffen. Meine Vorfahren waren mit den Pflanzen und Tieren vertraut, die in den Black Hills beheimatet waren. Der Bär, der dort lebte, war ihnen heilig, weil er auf seinen Hinterbeinen zu gehen vermag wie ein Mensch, ein *hu napa*, ein Zweibeiner. Er führte sie zu den Heilpflanzen, aus denen man eine wirksame Medizin gewinnt.

Wir sollten vergessen, dass unsere Vorfahren in den Black Hills lebten und jagten, vor allem im Winter. Im Winter fand sie dort Schutz, genug Holz, um ein Feuer zu machen, und Wild. In unseren Legenden heißt es, dass die Berglandschaft die Gestalt einer ruhenden Frau habe, die ihr Kind stillt, und unser Volk kam zu ihr wie Kinder, um Nahrung zu finden. Zu Beginn des Frühlings und Sommers pilgerten sie zu den heiligen Stätten in den *He Sapa*, um zu fasten, zu beten und den Schöpfer um eine Vision zu bitten. Wie die Christen immer wieder auf den Spuren ihrer Vorfahren in das Heilige Land zurückkehren, kamen wir Lakota in die Black Hills, um unserem Schöpfer Opfergaben darzubringen und ihm für alles zu danken – für die Geheimnisse des Lebens. Sie waren der Mittelpunkt unseres Universums. Wenn ich heute dorthin zurückkehre, spüre ich den Verlust. Ich weiß nun, was diese Berge für mein Volk bedeutet haben.

Wenn ich sie betrachte, verspüre ich das Bedürfnis, dort einen Platz für mich zu beanspruchen, genauso wie ich das Bedürfnis verspüre herauszufinden, wo sich der *sak ye* meines Großvaters befindet, auf den Mom-mah so stolz war. Die Black Hills sind bis heute ein Besitz, dessen Verlust mein Volk beklagt, genauso wie ich den Verlust des perlenbesetzten Stabes beklage, von dem mir meine Mutter erzählte. Er muss sehr schön gewesen sein. Ich weiß nicht, was mein Großvater sonst noch besaß, vielleicht einen Hut oder ein Halstuch, die ihm besonders gut gefielen. Er trug gerne rote Halstücher wie ein Cowboy. Vielleicht war das sein französisches Erbe. Es gibt viele Dinge über Kah-Kah, meinen Großvater väterlicherseits, die ich gerne wüsste. Ich weiß nur, dass er einen perlenbesetzten Stab mit einem kühnen geometrischen Muster besessen hat. Genauso wie ich weiß, dass sich die Black Hills einst im Besitz meiner Vorfahren befanden. Wenn ich sie betrachte, verspüre ich das Bedürfnis, eines Tages in die angestammte Heimat meines Volkes zurückzukehren, um für immer dort zu leben. Dort, in den Black Hills, würde ich gerne mit meinen Kindern und Enkelkindern sein. Dort, in den *He Sapa,* würde ich ihnen von ihrem Volk erzählen, von ihrem Großvater väterlicherseits, ihrem Großvater mütterlicherseits, von Mom-mah, Keg-le, meinem Bruder und allen, die den Weg der Geister, der *wanagi caku,* gegangen sind. Dort in den Schwarzen Bergen würde ich gerne meinen Lebensabend verbringen. Doch dann erinnere ich mich an den Lauf der Welt, denke daran, wie das Endliche in der Unendlichkeit von Zeit und Raum verloren geht, und weiß, dass der Geist unserer Ahnen und all dessen, was sie liebten, nicht verloren gehen kann, sondern dort für immer verweilen wird.

Die Verbundenheit mit den Geistern, die dort wohnen, haben wir bis zum heutigen Tag bewahrt. Sie offenbaren sich in der Energie, die bei einem Unwetter freigesetzt wird; in den Blitzen, die den Rand der Wälder berühren, wo die Berglandschaft endet und die baumlosen Ebenen beginnen; im Donner, der sich grollend über dem Gebirge entlädt; im Anblick der Sonne, die über der Prärie aufgeht; in den tanzenden Sonnenstrahlen im Kiefernwald; im Gesang des Wiesenstärlings; im Schnee, der dort lautlos fällt. Diese Dinge kann uns niemand nehmen, denn sie gehören niemand anderem als dem Schöpfer.

Gedanken an Red Clouds Grab

Wir stiegen oft den Berg hinauf, an der alten Kirche
mit dem hohem Deckengewölbe vorbei, auf dem sich
das Bild eines Büffels befand, die unbefestigte Straße
entlang bis zum Friedhof. Früher wurde dieser Weg für
die Leichenzüge benutzt. Ich hatte nie an einem katholischen Begräbnis teilgenommen, bis ich in die High
School der Nonnen kam. Unsere ganze Klasse nahm
geschlossen an der Beerdigung eines Mitschülers teil.
Er starb an einem Wochenende und sie begruben ihn
in der darauf folgenden Woche. Er hätte nur noch ein
Jahr bis zu seiner Graduierung und eine viel verspre-
chende Zukunft vor sich gehabt, zumindest erschien es
mir so. Er war mein Cousin. Mein Vater und sein Vater hatten einen gemeinsamen Vorfahren, Chief Lone
Elk, einen Brulé-Häuptling. Die Großmütter meines
Vaters und seines Vaters waren Schwestern. Sein Vater
war Maler gewesen; er hatte das Leben der Lakota zu
Beginn des zwanzigsten Jahrhunderts in seinen Bildern
festgehalten. Er wollte zeigen, wie es unserem Volk in
den Reservaten erging. Ich erinnere mich, wie ich mit
meinem Vater seine Familie besuchte. Sie wohnten in
derselben kleinen Stadt in Nebraska wie wir. Als er
starb, konnte ich kaum glauben, dass ich ihn am Frei-

tag vorher noch in unserer Wohnhütte gesehen hatte. Es hieß, er sei von einem Alkoholschmuggler erschossen worden. Der Verkauf von Alkohol im Reservat ist gesetzlich verboten, aber jeder weiß, wo man ihn schwarz kaufen kann. Bei seiner Beerdigung schwenkte der Priester ein Weihrauchfass und wir standen fassungslos da, als sie den Sarg in eine so genannte Lattenkiste aus unbehandeltem Kiefernholz versenkten, die zugenagelt und in die Grube herabgelassen wurde. Dann schaufelten sie Erde darüber. Sein Grab liegt auf der anderen Seite der Schnellstraße, im neueren Teil des Friedhofs. Es war das erste und letzte Mal, dass ich diese Seite besuchte.

Ich kenne den alten Teil des Friedhofs, wo Red Cloud bestattet wurde. Dort hielten wir uns manchmal nach der Schule auf, wenn die Externen nach Hause gingen. Die Internatsschüler hatten zwischen drei und fünf Uhr nachmittags zwei Freistunden. Wir meldeten uns bei der Hausmutter ab, einer älteren Frau, die ein strenges Regiment führte. Dann kauften wir am Kiosk, den die Nonnen im Aufenthaltsraum errichtet hatten, einen Schokoriegel, und wenn das Wetter es zuließ, gingen wir zum Friedhof hinauf. Unser Leben in der Schule war genau reglementiert: Frühstück, Unterricht, Mittagessen, Unterricht, Freizeit, Fünf-Uhr-Messe, Abendessen, Hausaufgaben im Studiensaal, wo sich auch die Bibliothek befand, Freizeit, Bettgehzeit und Schlafenszeit um Punkt zweiundzwanzig Uhr, wenn die Lichter im Schlafsaal gelöscht wurden. Nur nach dem Mittagessen reichten die Freistunden aus, um auf den Friedhof zu gehen, uns auf einen Grabstein zu setzen und miteinander zu reden. Der Friedhof war der einzige Ort, an dem wir ungestört waren, an dem wir ehrfurchtslos sein konnten, ohne dass uns jemand hörte. Als wir älter wurden und unser Leben sich veränderte, als aus den leichtlebigen Studenten ernsthafte und nachdenkliche wurden, fanden wir dort Trost. Am besten erinnere ich mich an das vorletzte Jahr vor der Graduierung.

Es war mein bestes Jahr an der High School. Ich folgte dem Beispiel meines Bruders. Er hatte Mom-mah und Kah-Kah Ehre gemacht, indem er als Zweitbester seines Jahrgangs abschloss. Ich tat mich schwerer, wie immer. Es lag nicht daran, dass ich überfordert war: Ich erhielt mehrere Auszeichnungen in jenem Jahr, was bewies, dass die Lehrer mit meinen Leistungen überaus zufrieden waren. Doch ich hatte nichts dergleichen erwartet und saß an dem Abend, als die Verleihung und das anschließende Festessen stattfanden, in der Bibliothek, um zu arbeiten. Meine Freunde kamen angelaufen, um mir zu sagen, dass es besser gewesen wäre, daran teilzunehmen, weil man mich mehrfach aufgerufen habe, um mir die Auszeichnungen zu überreichen. Ich war überrascht und stolz. Die kleinen goldenen Ansteckadeln waren wichtig für mich. In diesem Jahr an der High School akzeptierte ich mich endlich so, wie ich war. Mein ganzes Leben lang hatte ich im Schatten meines älteren Bruders gestanden und mich unsicher gefühlt.

Es war eine Zeit, in der ich mich in einem Schwebezustand zwischen dem sicheren, festen Halt der Kindheit und dem schwankenden, morastigen Fundament der

Adoleszenz befand. Diese Zwiespältigkeit machte mir zu schaffen: Ich war nicht mehr in der Lage, die Seite zu wählen, die ich am besten kannte, die Kindheit. Bei meinem Eintritt in die High School hatte ich das Gefühl, alles aufgeben zu müssen, was mir an der Kindheit am meisten gefiel: die Spiele mit meinen Cousinen und Cousins im Luzernenfeld, die Comic-Hefte, die wir in braunen Pappkartons unter unseren Betten verwahrten und immer wieder lasen, die Winterabende, an denen wir, wenn es draußen kälter und früher dunkel wurde, am Küchentisch saßen und im Schein der Lampe Jacks[1] oder Karten spielten. Meine Lieblingscousinen wuchsen in der Nähe der Wohnhütte auf, in der Kah-Kah den größten Teil seines Lebens verbracht hatte. Dort gab es keine Elektrizität. Ich erinnere mich, wie wir zu einem Schlager von Roy Orbison tanzten, der aus einem Kofferradio dröhnte. Diese Cousinen vermisste ich am meisten, als ich in das Internat der katholischen Schule kam. Sie hatten mich auf Lakota-Art in ihren Kreis aufgenommen, als wir ins Reservat gezogen waren. Wir hatten miteinander gespielt, uns verkleidet, geträumt, gelacht und Lakota-Scherze gemacht. Sie werden mich stets an die sorglosen Zeiten erinnern, die ich als Kind genoss, bevor ich mein Zuhause verlassen und ins Internat gehen musste.

Ich musste mein Zuhause verlassen wie die Kinder, die sie den Eltern stahlen und ins Internat steckten, als

---

[1] Ein Spiel, bei dem die Kinder mit der einen Hand einen Gummiball prellen und gleichzeitig mit der anderen Hand versuchen müssen, kleine Metallplättchen (*jacks*) aufzuheben.

mein Großvater aufwuchs – nur dass ich freiwillig ging. Es gab nur zwei High Schools im Reservat, und als die Zeit des Übertritts nahte, wusste ich, dass ich diejenige besuchen wollte, die nach dem legendären Häuptling Red Cloud benannt war. Er war auf dem Friedhof der *Sapa u pi,* der Schwarzröcke, begraben, wie Kah-Kah die Katholiken nannte. Kah-Kah war ein *Ska u pi,* ein Weißrock, ein Mitglied der Episkopalkirche.

Red Cloud, der auf dem Friedhof der Schwarzröcke seine letzte Ruhestätte fand, hatte zuerst die Katholiken in unser Reservat eingeladen. Gemeinsam mit dem Brulé-Häuptling Spotted Tail hatte er das Land ausgewählt, auf dem sich heute unsere jeweiligen Reservate befinden. Red Cloud bat die Schwarzröcke, die Generationen zu unterrichten, die in der Verbannung aufwachsen würden, weit weg von den Black Hills. Er wusste, dass diese Generationen, meine eigene eingeschlossen, nie die Freiheit kennen lernen würden, die er selbst, Crazy Horse und Sitting Bull gekannt haben. Red Cloud wusste, dass unser Geist durch die Verbannung, durch das Leben im Reservat unterdrückt werden würde. Er wünschte sich eine Freiheit für uns, die nur sie kannten. Deshalb lud er die Schwarzröcke ein, zu uns zu kommen und uns Freiheit einer anderen Art zu geben, Freiheit der Gedanken, denn wir Lakota glauben, dass Gedanken und Geist ein und dasselbe sind.

Er wusste, dass wir Lakota, ein zutiefst spirituelles Volk, die *Sapa u pi* willkommen heißen würden, nachdem sie ihre Schule und Kirche erbaut hatten. Er wusste, dass in dieser neuen, von der Regierung geschmiedeten Welt unser physisches Selbst durch die Grenzen des Reservats eingeschränkt sein würde und dass wir mit einer Schulausbildung den Stürmen des Lebens besser standzuhalten vermochten. Er wusste, dass unser Geist die Beschränkungen dieses Lebens nie akzeptieren und sich dagegen wehren würde, wie er es versucht hatte, als die alte Welt in Scherben zerfiel und unser Volk gezwungen wurde, seine traditionelle Lebensweise ein für alle Mal aufzugeben. Als ich die nach ihm benannte Schule besuchte, war mir nicht klar, wie viel Voraussicht er besessen hatte, wie gut er sich das Leben vorstellen konnte, das meine Generation führen musste.

Ich erinnere mich an jene Herbsttage nach der Schule, an das gedämpfte Licht und die kalte Luft, als wir an den Grabsteinen vorbei zu unserem Lieblingsplatz auf dem Friedhof wanderten. Ich erinnere mich nicht, dass wir angehalten hätten, um die Inschriften zu lesen. Dafür fehlte uns die Zeit. Normalerweise gingen wir schnurstracks zu dem Grab am östlichen Ende des Friedhofs hinüber, das von einem etwa einen Meter hohen Zementblock bedeckt war. Das war unser Lieblingsplatz, weil wir alle nebeneinander sitzen und in Richtung Stadt blicken konnten, um das Kommen und Gehen der Autos zu beobachten.

Es gehörte damals zu den Lieblingsbeschäftigungen der jungen Leute, die ein Auto besaßen, auf der Straße zwischen Schule und Stadt hin- und herzufahren. Wir sahen so lange zu, bis wir den Fünf-Uhr-Bus aus der Stadt zurückkommen sahen, was bedeutete, dass wir

uns sputen mussten, wenn wir an der Messe teilnehmen wollten. Manchmal gingen wir gemeinsam mit
unseren Aushilfslehrern zur Messe, die ihre Tätigkeit
ehrenamtlich ausübten und ebenfalls in den Unterkünften der Schule lebten. Manche von ihnen waren
junge Jesuiten oder Priester. Wir mochten unsere Lehrer, was auf Gegenseitigkeit zu beruhen schien. Deshalb suchten wir ihre Gesellschaft. Wir gingen in ihre
Messe und sie luden uns in ihren Singkreis ein, wo sie
sich an den Händen hielten und Lieder zur Gitarre
sangen. Wenn wir nicht die Fünf-Uhr-Messe besuchten, rüsteten wir uns für das Abendessen. Es kostete
uns einige Überwindung, weil das Essen schlecht war.
Der Schulkoch war der Meinung, frisches Brot sei un-
gesund, deshalb bewahrte er es in Abfalleimern aus
Blech auf, bis es alt und trocken war. Zum alten Brot
gab es immer ein Hauptgericht, das niemand aß. Er
hatte einen Hilfskoch, einen Puertorikaner aus New
York City. Die beiden versuchten sich bei der Zubereitung der unappetitlichsten Gerichte gegenseitig zu
übertreffen. Ich rührte überhaupt kein Fleisch mehr an
und wurde Vegetarierin.
Während der Woche konnte ich mich stundenlang in
der Bibliothek aufhalten; ich hatte dort außerdem eine
Teilzeitarbeit, für die ich bezahlt wurde. Das Leben in
der Schule gefiel mir. Wenn ich einen Vorschuss brauchte, ging ich zu dem Jesuiten, der zu diesem Zweck ein
Schuldenbuch führte, wie alle wussten. Er schrieb mit
Bleistift meinen Namen und die geliehene Summe auf,
meistens weniger als fünf Dollar, und wenn ich das
Geld zurückzahlte, strich er meinen Namen mit dem

Lineal aus. Er führte akribisch Buch und es gefiel mir, wie er seine Pfeife rauchte, wenn ich zu ihm kam, um mir für das Wochenende Geld zu leihen, und dass er meine Bitte nie ablehnte. Mir gefiel auch die Vorhersehbarkeit des Lebens, das ich in der Schule führte – Schlafsaal, Bibliothek, Speisesaal und am Wochenende die Heimfahrt mit dem Schulbus –, und dass es mir dort an nichts mangelte, außer am Sinn für die reale Welt.

Im ersten Jahr an der High School erklärte meine Mathematik-Lehrerin, die aus New Jersey stammte, dass sie vier Schüler für ein Experiment suche: Sie sollten Vorträge über die Lakota-Sprache und -Kultur an der High School ihrer Heimatstadt halten, an der sie im Vorjahr unterrichtet hatte. Sie würden sie Anfang Juni begleiten und rechtzeitig zur jährlichen Sonnentanz-Zeremonie im August zurück sein. Die Ankündigung fand während der Versammlung, in der so genannten Turnhalle für kleine Jungen statt, eine Bezeichnung, die noch aus der Zeit stammte, als auch jüngere Schüler aufgenommen wurden.

Mom-mah hatte als junges Mädchen im Internat gelebt. Sie hatte es gehasst. Sie hatte die älteren Mitschülerinnen bewundert, die großes Geschick darin entwickelt hatten, den Nonnen Korinthenbrötchen nachzuwerfen, kaum dass sie ihnen den Rücken zugedreht hatten. Sie hatten die frisch gebackenen Brötchen so lange aufbewahrt, bis sie steinhart gewesen waren, und hatten sie dann als Wurfgeschosse benutzt, die sie auf unbeliebte Nonnen abfeuerten. Bis sich die Nonnen in ihrem schweren Habit umgedreht hatten, stand die

Übeltäterin mucksmäuschenstill da. Das lange Knien während der Messe war ihr am schwersten gefallen. Manchmal hatten sie die Kopfbedeckung verwendet, die sie während des Gottesdienstes tragen mussten, als Unterlage für die schmerzenden Knie. Als ich in die High School kam, trugen die Nonnen keine Ordenstracht mehr, bis auf einige wenige unverbesserliche, und im Internat wurden die Schüler erst ab der neunten Klasse aufgenommen. Alles hatte sich verändert. Die Lakota-Sprache wurde von Lakota-Lehrern unterrichtet und die tägliche Teilnahme an der Messe war nicht mehr Pflicht. Wir besuchten zwar noch an allen katholischen Feiertagen den Gottesdienst, doch die Religion war nicht länger Bestandteil der Schule. Sie wurde uns nicht aufgezwungen wie meiner Mutter.

Die Mathematik-Lehrerin bat die an ihrem Experiment interessierten Schüler, einen Fragebogen auszufüllen. Ich gab meinen ab, ohne lange darüber nachzudenken, außer, dass es sich um eine voll bezahlte Tätigkeit während der Sommerferien handelte. Das Geld hätte eine Entlastung für unsere Familie bedeutet. Ich hätte mir Schulkleidung und eine anständige Jacke für den Herbst davon kaufen können. Bei der nächsten Versammlung las die Mathematik-Lehrerin die Namen der vier ausgewählten Schüler und einer Ersatzkandidatin vor, falls jemand ablehnte. Ich gehörte zu den vieren. Es war mir peinlich, als mein Name fiel – als einziger in meinem Freundeskreis. Ich wollte die Aufmerksamkeit nicht auf mich lenken.

Meine Freunde standen mir sehr nahe. Wir waren seit der Grundschule unzertrennlich. Unsere Eltern sprachen Lakota und unsere Familiennamen waren Lakota, nicht englisch oder französisch, wie bei den Halbblütigen in unserer Schule. Wir unterschieden uns von ihnen durch unsere Lakota-Namen und die Tatsache, dass wir aus entlegenen Gemeinden stammten. Der Unterschied war subtil, er machte das Leben für uns jedoch noch komplizierter. Wir waren eine Gruppe reinblütiger Lakota-Mädchen, deren Selbstbild von vielen Faktoren bestimmt wurde, auch von diesem. Das war eine Schwierigkeit mehr, die mein Bruder nicht gehabt hatte. Er spielte Football, interessierte sich für Politik und hätte für einen *iye ska* durchgehen können. Der Name bedeutet Übersetzer und stammt aus der Zeit, als viele Halbblut-Indianer in Lakota abgefasste Schriftstücke für die Regierung und in Englisch abgefasste für unsere Vorfahren übersetzten. Mir sah man dagegen auf den ersten Blick an, was ich war und sein wollte: eine Vollblut-Lakota, die sich ihren Weg in einer ihr fremden Welt bahnte. Es war eine Zeit, in der ich noch in Lakota dachte.

Nach dem Ende des ersten Schuljahrs und bevor ich Gelegenheit hatte, Atem zu schöpfen, begann der Ferienjob bei der Mathematik-Lehrerin. Ich wusste nicht, was er mir bringen würde, nur dass ich Heimweh haben würde, das war mir klar. Ich war nie so lange und nie so weit weg von zu Hause gewesen. Am Abend, bevor es losging, besuchte mich meine Mutter. Mein älterer Bruder fuhr sie zu dem Gebäude auf dem Schulgelände, in dem wir bis zur Abreise wohnten. Sie brachte mir einen kleinen Kassettenrekorder. Von meinem Bruder, der bereits aufs College ging und seine Ferien zu Hause verbrachte, erhielt ich eine Kassette mit den Liedern von Buffy St. Marie. Sie hatten ihre ganzen Ersparnisse zusammengekratzt, um mich zu beschenken. Ich umarmte meine Mutter zum Abschied und versprach, oft zu schreiben. »Sei nicht traurig«, sagte Mom-mah. »Reise mit frohem Herzen.« Ich wollte nicht, dass mein Bruder die Tränen in meinen Augen sah. Ich war froh, dass ihr Abschiedsbesuch in der Abenddämmerung stattfand. Ich sah den Rücklichtern des Wagens nach, der sich langsam entfernte und heimfuhr. Ich wusste, ich hätte den Ferienjob in New Jersey absagen und zu Hause bleiben können, doch ich trat ihn an, obwohl ich schon vor der Abreise Heimweh hatte.

In jenem Sommer fühlte ich mich wie Red Cloud auf seiner Tour durch Washington DC. Ich betrachtete alles mit aufmerksamem, neugierigen Blick. Wir fuhren in einem Ford Mustang an die Ostküste. Wir fünf, einschließlich der Mathematik-Lehrerin, quetschten uns in den kleinen Wagen, der außerdem noch mit unserem Gepäck beladen war. Wir fuhren über Milwaukee, Chicago, Detroit, Charleston, Washington DC und schließlich New York City nach New Jersey. Ich besichtigte Museen und Monumente und war froh darüber, mir alles ansehen zu können, ich kann mich nicht erinnern, dass mich außer Washington DC eine Stadt besonders beeindruckt hätte. Zu diesem Zeitpunkt hatten wir vier uns angefreundet. Wir kannten einander nur vom Sehen, also nicht so gut, wie man bei einer kleinen Schule vermuten könnte.

Als der Sommer zu Ende ging, fuhren wir gemeinsam

nach Hause zurück. Wir hatten Erfahrungen gesammelt, die niemand im Reservat bei Schülern unseres Alters für möglich halten würde. Wir hatten eine Woche auf Cape Cod verbracht und waren auf einer kleinen Yacht an der Atlantikküste entlanggesegelt. Dieser Sommer war mit aufregenden Ereignissen gespickt gewesen: Ich aß zum ersten Mal einen Bananensplit, probierte zum ersten Mal Champagner und Kaviar in einer Kunstgalerie bei Cape Cod und trank zum ersten Mal einen kleinen Becher Wein, den wir uns am Broadway in New York City mit den Schauspielern teilten. Als die High School im Herbst wieder begann, führte die Mathematik-Lehrerin zu meinem Unbehagen Dias von unseren Erlebnissen vor. Ich hatte vergessen, dass ich nach Hause zurückkehren würde, und mich wie eine Touristin im Urlaub benommen. Die Erwartungen, die ich nach jenem Sommer hatte, kamen mir unpassend vor. Ich sah mich in dem kleinen Klassenzimmer um und erkannte, wie töricht ich gewesen war, weil mein Leben von nun an nie mehr so sein würde wie früher.

Heute ist mir klar, dass dieses Jahr nach meiner Reise an die Ostküste einen Wendepunkt in meinem Leben darstellte. Ich wurde rastlos. Ich wollte mehr, wusste jedoch nicht, was. Als ich meine Siebensachen in den Wagen lud und zur Ostküste aufbrach, ahnte ich nicht, dass ich meinen Koffer nie mehr richtig auspacken und mich im Reservat heimisch fühlen würde. Ich suchte ständig nach einer Gelegenheit auszubrechen, um zu sehen, was jenseits seiner Grenzen auf mich wartete.

Ein Semester später verließ ich die High School. Ich

zog zu meinem älteren Bruder in eine Stadt unweit der Black Hills. Ich wohnte bei ihm und besuchte dort die Schule. Sie gefiel mir nicht, doch ich brauchte einen Abschluss, weil ich nicht als Versager abgestempelt werden wollte. Ich arbeitete während des Winters Teilzeit als Zimmermädchen in einem Hotel, putzte die Räume und bezog Betten. Ich war gezwungen, die Schule zu beenden, wenn ich mich nicht zeitlebens mit solchen Aushilfsarbeiten zufrieden geben wollte. Ich wäre gerne ins Reservat, in meine alte Schule zurückgekehrt. Aber einer älteren Mitschülerin, einem Halbblut, war ich ein Dorn im Auge, und statt mich zu wehren, ging ich lieber. Ich hasste die Gewalt, die aufflammte, wenn die Jugendlichen Alkohol tranken. Ich hatte Mom-mahs Sanftmut geerbt, und obwohl ich mich in Auseinandersetzungen verteidigt hatte, war mir jede Form von Gewalt zuwider. Ich verstand nicht, was das sollte. Ich erinnere mich, wie mir eine ältere Mitschülerin zum ersten Mal eine blutige Nase schlug. Sie rempelte mich absichtlich an, als ich mir in einer naturwissenschaftlichen Ausstellung die Exponate ansah. Ich war benommen von dem Aufprall. Ich wusste nicht, was sie damit bezwecken wollte, vielleicht war es nur die Tatsache, dass ich anders aufgewachsen war als sie. Solche Verhaltensweisen erschienen mir fremd.

Während ich in der Stadt lebte, arbeitete und zur Schule ging, wurden mein älterer Bruder und andere ebenfalls von Unruhe ergriffen. Eine indianische Bürgerrechtsbewegung hatte Eingang in unsere Mitte gefunden. Es war eine neue politisch aktive Organisation, die immer mehr Zulauf und Triebkraft erhielt.

Ich hatte nur über meinen Bruder Kontakt zu ihr. Ich nahm an einigen wenigen politischen Veranstaltungen teil, die von ihr finanziert wurden, war jedoch genauso skeptisch und zurückhaltend wie Mom-mah, da ich nicht wusste, was sie für unser Volk letztendlich zu bewirken vermochte. Aus heutiger Sicht erkenne ich, dass sie den Menschen meines Volkes den Verlust der Unschuld eintrug. Ich erinnere mich an den Tag vorher und den Tag danach.

Die kleine Gemeinde, der ich angehörte, war von der Welt abgeschieden, bevor die Bewegung erstarkte. Die Jungen, mein jüngster Bruder eingeschlossen, ritten auf Shetland Ponys den unbefestigten Weg hinauf und hinunter, der früher von den Pferdekutschen befahren wurde und parallel zur Schnellstraße verlief. Er wurde Big Foot Trail genannt, nach dem Sioux-Häuptling, dessen Stamm bei Wounded Knee niedergemetzelt worden war. Die Jungen veranstalteten Pony-Rennen auf dem Weg. Sie ritten immer zu siebt oder acht aus. Wir Mädchen gingen an warmen Sommerabenden auf dem Weg entlang zu den weißen Felsen gegenüber dem Gemeindezentrum, wo es nach frisch gemähtem Heu duftete. Unsere Familien kannten sich. Wir lebten in Wohnhütten, die rund eineinhalb Kilometer voneinander entfernt waren. Sie waren *Tiospaye,* Mitglieder der erweiterten Familie, und Älteste, die den Vorsitz über den Clan führten, Männer und Frauen gleichermaßen. Der Ortspolizist war ein sehr großer Mann mit einem Bauch, der über den Gürtel hing. Seine Familie lebte in unserer Gemeinde. Obwohl niemand Telefon besaß, wusste er offenbar immer, wann jemand auf Abwege

226

geriet und zu viel Alkohol getrunken hatte. So lebten wir, isoliert von der Welt, auf unsere Art heiter und unbedarft.

Die Veränderungen, die die Bürgerrechtsbewegung uns brachte, waren nach der Besetzung von Wounded Knee im Jahre 1973, als sich die Anhänger tagelang in einer katholischen Kirche verbarrikadierten und Widerstand gegen die Bundesregierung leisteten, nicht mehr zu übersehen. US-Marshals in blauen Uniformen kamen in unsere Gemeinde und gingen Patrouille, versuchten uns abwechselnd mit ihren Gewehren und Kaffee mürbe zu machen. Ich ging damals noch zur High School und sah schweigend zu. Als die Okkupation zu Ende war, kam jemand zu Mom-mah und fragte, ob sie einen der führenden Köpfe der Bewegung im Kofferraum ihres Wagens herausschmuggeln würde. Sie sagte nein, nicht, weil sie gegen die Bürgerrechtler war, sondern weil sie deren Vorgehen für falsch hielt. Ich bewunderte sie deswegen und dachte genau wie sie, dass es im Leben nur Schwarz oder Weiß, richtig oder falsch, unschuldig oder schuldig gab.

Rückblickend erkenne ich, dass wir damals alle verdächtig waren, weil wir in der Nähe von Wounded Knee lebten. Wir galten als Helfershelfer und Anstifter. Aber mit wem hatten wir sympathisiert? Ich war mir nicht sicher, denn soweit ich von Mom-mah und anderen Mitgliedern unserer Gemeinde gehört hatte, war keine der Konfliktparteien ohne Fehler. Wir fühlten uns wie die Bauern, die auf dem Schachbrett hin- und hergeschoben wurden. Als uns das bewusst wurde, verloren wir unsere Unschuld.

In der Zeit nach der Okkupation brach das Chaos über uns herein. Gewehre und Drogen wurden leicht zugänglich. Das Leben wurde komplexer. Mom-mah wäre um ein Haar von einer Kugel getroffen worden, die aus einem fahrenden Auto abgefeuert wurde, als sie das Postgebäude verließ und in die Schusslinie geraten war. Sie hatte Glück, die Kugel streifte nur ihre Stirn. Ich hatte nicht so viel Glück gehabt: Ein paar Jahre vorher war ich ebenfalls angeschossen worden, von jemandem, der sich ein Gewehr beschafft und wild herumgeballert hatte. Die Kugel durchschlug die rechte Seite meines Brustkorbs. Ich überlebte und dachte, ich hätte nur Pech gehabt, weil ich zur falschen Zeit am falschen Ort gewesen war.

Derartige Dinge passierten nach der Besetzung von Wounded Knee im Jahre 1973. Sie waren allem Anschein nach an der Tagesordnung. »Wo kope ya«, »sie können einem Angst machen«, pflegte Mom-mah zu sagen.

Ich wurde ein paar Tage nach der Abschlussfeier an meiner High School angeschossen. Ich hatte nicht graduiert, aber ich schwor mir, dass mich nichts und niemand davon abhalten würde, meine Abschlussfeier im College zu erleben. Das war damals ein Traum, der für ein Mädchen wie mich unerreichbar schien.

Es war ein Sonntagmorgen, als ich aufgewacht war und gedacht hatte, sterben zu müssen: Irgendjemand schoss ziellos mit einem Gewehr auf unser Haus und alle, die sich darin befanden, lagen im Nu auf dem Boden. Sie gingen in Deckung und versuchten, den Kugeln auszuweichen, die durch die Planken der Wohnhütte drangen. Schlaftrunken stand ich auf, um nach-zusehen, was los war, als ich plötzlich ein Reißen in der rechten Seite meines Brustkorbs spürte. Zuerst hatte ich das Gefühl, als würde das jemand anderem passieren; dann merkte ich, dass ich getroffen worden war. Die Wunde blutete stark, aber ich wollte mich nicht hinlegen. Ich befürchtete, dass ich dann nie wie-der aufstehen würde.

Nach dieser Erfahrung gelangte ich zu der Schlussfol-gerung, dass ich hier nicht länger bleiben konnte, in diesem Hafen meiner Kindheit, dessen Sicherheit für mich selbstverständlich gewesen war. Als ich angeschos-sen wurde, war ich ein junges Mädchen an der Schwel-le zum Erwachsensein und gehörte dadurch einer Al-tersgruppe an, die im Reservat noch mehr gefährdet war. Ich wusste, dass ich wegmusste.

Lange vor diesem Zwischenfall, als ich noch zur High School ging, hatte ich widersprüchliche Gefühle ge-genüber der indianischen Bürgerrechtsbewegung, vor allem während und nach der Besetzung von Wounded Knee. Einerseits identifizierte ich mich mit den Sympa-thisanten, die sie unterstützten, andrerseits hasste ich jede Form von Gewalt. Damals ahnte ich noch nicht, dass ich ein Opfer dieser Gewalt werden würde.

Als alles vorbei war und die führenden Köpfe der indianischen Bürgerrechtsbewegung entweder auf ih-ren Prozess warteten oder im Gefängnis saßen, litt ich unter Schuldgefühlen. Schließlich hatten sie für uns ge-kämpft, für ein Volk, das seine kulturelle Identität be-wahren wollte. Als ich das folgende Gedicht schrieb, fand ich Trost in der Erkenntnis, die ich letztlich ihnen zu verdanken hatte. Ich musste meinen eigenen Weg gehen und tun, was ich am besten konnte: beobachten, warten und Wissen sammeln. Ich lernte so, wie es bei Lakota-Kindern der Brauch ist. Ich habe das Gedicht für sie geschrieben.

Auf dem Gipfel des Hügels in der Prärie, wo sich Himmel und Erde berühren,
Hoch droben zwischen den Kiefern, wo die vier Winde wehen,
Fragt eine Generation, auf der Suche nach ihrer Identität,
»Wer sind wir? Wir sollten es wissen. Wir müssen es wissen.«
Für die Nachfahren eines Volkes mit einer ungeschriebenen Geschichte
War die Antwort schwer zu finden.
Nur die Alten, die unsere Geschichte in ihrem Gedächtnis bewahrten, schienen sie zu kennen.
Verwirrt wenden sich die Jungen an jene, die sich erinnern,
»Großvater, zeig uns den Weg, der uns nach Hause führt.«
Vielleicht verbirgt sich die Antwort in der Vergangenheit.

Großvater lehrt sie die althergebrachte Lebensweise
Damit sie nicht in Vergessenheit gerate.
Er weist ihnen den Weg, aber er weigert sich voranzugehen.

Er sprach diese Worte zu ihnen:
»Geht nicht rückwärts, sonst werdet ihr fallen.
Lernt aus dem, was war, aber schaut auf den herauf-
dämmernden Morgen und folgt der Sonne.
Geht vorwärts und lernt vom weißen Mann, aus sei-
nen Schriften, seinen Büchern und seiner Sprache.
Lernt jedoch vor allem, Seite an Seite mit ihm zu ge-
hen, als Freund.
Vielleicht werden euch seine Bücher sagen, was ihr zu
wissen begehrt.«

Die Jungen lauschen seinen Worten, denn er spricht
nicht töricht, da alle Alten weise sind.
Doch als er endete, kehrten ihm manche den Rücken,
schlossen die Augen und weigerten sich, zu sehen
oder zu hören.
Andere schritten tapfer voran, aufrecht und stolz.
Die vier Winde warnten: »Trennt euch nicht. Ihr seid
Brüder. Gemeinsam seid ihr stark.«

Es war zu spät. Die Worte verhallten ungehört.
Diejenigen, die vorausgingen, waren bereits hinter
dem Kamm des Hügels verschwunden.
Sie machten sich nicht die Mühe zurückzuschauen,
sondern blickten nur nach vorn.
Diejenigen, die blind und stumm rückwärts gingen,
waren gefallen, verschwommene Gestalten im Nebel
der Vergangenheit.
Großvater stand allein da. Er sang ein Klagelied, hoch
droben auf dem Hügel.

Ich schrieb das Gedicht, als ich in die letzte Klasse der katholischen High School ging, und die katholische Kirche zahlte mir fünfundzwanzig US-Dollar für die Genehmigung, es in ihren Rundschreiben zu veröffentlichen. Diese Rundschreiben waren Bettelbriefe, wie mein älterer Bruder sie nannte, und sie gehörten zu den Gepflogenheiten der Schule, die ihm missfielen. Damals kümmerte mich dies nicht. Selbst wenn mein Verständnis begrenzt war, hatte ich das Gefühl zu verstehen. Mein Bruder hatte Kah-Kah und Mom-mah, an die er sich in seiner Überheblichkeit wenden konnte. Als er entdeckt hatte, dass die katholische Kirche Rundschreiben verschickte, hatte er sie Bettelbriefe genannt, weil er wütend war, dass Worte wie arm und Indianer im selben Zusammenhang genannt wurden. Er fühlte sich weder als das eine noch als das andere. Er wusste, wer er war. Ich nicht. Als ich die High School beendete, war Kah-Kah bereits sieben Jahre tot und Mom-mah und ich lebten nicht mehr unter demselben Dach. Ich stand auf eigenen Füßen und wusste nicht, was die Zukunft mir bringen würde.

Ich war der katholischen Kirche dankbar, dass sie mir einen sicheren Hafen geboten hatte, um zu lernen und meine Persönlichkeit zu entfalten. Ohne sie hätte ich nie erfahren, dass John Steinbeck mein Lieblingsschriftsteller ist. Ich hätte nie entdeckt, dass ich in der Lage war, Gedichte zu schreiben. Ich hätte nicht gewusst, dass Red Cloud hier begraben war und dass auch er verstand: wie schwer es ist, Lakota zu sein in einer Welt, in der Lakota nicht die Sprache unserer Wahl ist. Er verstand, dass wir Lakota-Kinder trotz unserer

Erziehung durch die *wasicu*, die Weißen, zuallererst Lakota waren, geboren von Lakota-Eltern wie den meinen, und dass wir in Folge dessen so dachten und denken wie sie.

Red Cloud versuchte, anderen eine Erkenntnis zu vermitteln, die er in seinem außergewöhnlichen Leben gewonnen hatte. Am Ende seiner Tage erkannte er, dass die wahre Identität des Lakota-Volkes in seiner Beziehung zum Schöpfer zu finden ist, zu *T'ukasila,* dem Großen Vater. Er wusste, dass es für uns keinen anderen Lebenssinn gibt. Red Cloud sah die Beziehung zu unserem Schöpfer als einen immer während Bund, der durch nichts gebrochen werden konnte.

Er sann am Ende seines Lebens darüber nach, ob es stimmte, was die Schwarzröcke behauptet hatten: dass wir in Sünde gelebt hatten, bevor sie uns ihren Gott brachten. Doch er sah, dass sie in der Beziehung zu ihrem Gott oftmals nur ein Lippenbekenntnis ablegten. Die Religion spielte eine untergeordnete Rolle in ihrem Leben, war selbstbezogen, gespalten und von Ängsten bestimmt. Seine eigene Beziehung zu *T'ukasila* umfasste und bereicherte sein ganzes Sein. Die neuen Religionen, einschließlich derjenigen der Schwarzröcke, waren selbstzerstörerisch und selbstbeschränkend für einen Lakota. Er sagte, wenn wir Lakota uns ausschließlich auf unsere Beziehung zu *T'ukasila* verließen und nach dem alten Glauben lebten, der Mitgefühl, Wahrhaftigkeit, innere Stärke, Mut und wahre Großherzigkeit verlangte, würden wir immer ein zufriedenes, glückliches Leben führen können. Er sah, was die Weißen uns nach der Zwangsumsiedlung in die Reservate gebracht hatten und wie unzulänglich und unbefriedigend ihre Weltanschauungen für die Lakota waren. Er versuchte uns zu überzeugen, dass wir unseren eigenen Glauben in uns hatten, unsere eigene Beziehung zu Gott, zu unserem Schöpfer.

Diesen Dingen, die uns seit Anbeginn der Zeit genügt hatten, sollten wir treu bleiben. So wie Mom-mah, Kah-Kah und mein sechs Jahre älterer Bruder sich gewünscht hatten, dass ich meinem wahren Lakota-Selbst treu blieb.

Red Cloud freute sich darauf, wieder mit seinen Ahnen in der Geisterwelt vereint zu sein. Er wusste, dass sie sich wieder sehen würden, weil die Schwarzröcke behauptet hatten, wir hätten in Sünde gelebt, bevor sie gekommen waren, um uns das Heil zu bringen; deshalb konnten sie nicht im Himmel der Weißen sein. Es war ein Trost für ihn, dass er gemäß der Lakota-Weltsicht – dem Gesetz von Ursache und Wirkung – und solange er *T'ukasila* treu blieb, in das Reich seiner Ahnen eingehen würde, wo immer es auch sein mochte. Er ging »mit frohem Herzen«, wie Mom-mah zu sagen pflegte.

Ich erinnere mich, wie die Dunkelheit dort hereinbrach, auf dem Friedhof, weit entfernt von den Lichtern der Stadt, wie eine dicke Decke, die herabsinkt. Ich erinnere mich, wie ich an Red Clouds Grab saß, bis die Schatten länger wurden. Ich fühlte ich mich unbesiegbar. Selbst Red Clouds Grab und seine Prophezeiungen erschienen mir unwirklich. Ich war fest im Hier und Jetzt verwurzelt. Ich wusste nicht, was die Zukunft für mich bereithielt. Ich dachte nicht darüber nach. Ich dachte nicht einmal darüber nach, auf wessen Grabstein ich saß. Heute frage ich mich, ob ich wie ein junger Schössling war, der einem alten Baum aufgepfropft wurde und unbemerkt Seelennahrung von ihm erhielt, von meinem Vorfahren, dessen Geist hier verwurzelt ist. Wenn ich heute zurückblicke, erkenne ich, dass Red Cloud Recht hatte: *T'ukasila,* der Große Vater, an den meine Mutter und mein Großvater glaubten, lebt immer noch in allem, was Lakota ist. Er ist allwissend und sieht, dass wir ihm treu geblieben sind. »*Ho he*«, sage ich, wie Kah-Kah früher und meine Mutter heute. »Das gefällt mir. So ist es gut.«

Danksagung

Zuallererst möchte ich meinem Mann Richard Harding Shaw, mit dem ich seit zwanzig Jahren verheiratet bin, für seine scharfe Beobachtungsgabe, seine hilfreichen Kommentare und seinen unerschütterlichen Glauben an mich danken.

Dank schulde ich auch: Howard R. Lamar, dem Kunsthistoriker, Professor und ehemaligen Präsidenten der Yale University für sein Interesse und seine Unterstützung. James R. Walker für das von ihm zusammengetragene Material, das mir von der Colorado Historical Society zur Verfügung gestellt wurde. Und der Lakota-Stimme von George [Long Knife] Sword, die in Walkers Sammlung zum Tragen kommt.

Der Colorado Historical Society für die Archivierung von Dokumenten in Lakota.

Eugene Buechel SJ, dessen *Lakota-English Dictionary* mir wertvolle Dienste geleistet hat. Charlotte G. Currier, die für mich mehr Lehrerin als Kritikerin war. Außerdem Barbara MacEachern von der Wesleyan University für ihre Anleitung zu Beginn des Projekts.

Und Joe Starita, Allen Trachtenberg und Richard Kislik, die das Manuskript gelesen und konstruktive Anmerkungen geliefert haben.

223 Seiten, ISBN 3-485-00765-X

Bestseller, die viele Menschen bewegt haben

Eine junge Frau wird mit der niederschmetternden Diagnose konfrontiert: Krebs, noch sechs Wochen zu leben. In ihren beiden Büchern beschreibt sie, wie sie auf dem Weg zur Selbstheilung lernte, Dinge anders wahrzunehmen und aus sich selbst heraus neue Lebensfreude zu erfahren. Bücher voller Kraft und Hoffnung, die zeigen: Jeder hat immer eine Chance!

nymphenburger

174 Seiten, ISBN 3-485-00826-5

240 Seiten, ISBN 3-485-00841-9

Der aufwühlende Bericht einer Autistin von literarischer Brillanz

»Immer wieder habe ich mich gefragt: Warum gerade ich? – Heute weiß ich es.«

Katja Rohde zeigt uns mit poetischen Bildern von bizarrer Schönheit einen neuen Blickwinkel auf unsere Selbstverständlichkeiten.

Barbara Zaruba legt eindrucksvoll dar, welche seelischen Faktoren MS auslösen und wie der Weg in die Gesundheit aussieht.

nymphenburger

256 Seiten, ISBN 3-485-00858-3

Hirotada Ototake

Leben ist Freude

Ein Lebensbericht, der zeigt, welch ein Geschenk das Leben ist

Hirotada Ototake, der ohne Beine und Arme auf die Welt kam, hatte nie das Gefühl behindert zu sein. Ganz im Gegenteil: Er spielt Basketball und ist Fernsehansager. Er begreift sein Schicksal als ganz besondere Aufgabe, die er im Leben zu bewältigen hat. Mit seiner positiven Ausstrahlung hat Ototake nicht nur behinderten Menschen Mut gemacht, sich so anzunehmen wie sie sind.

nymphenburger